THOMAS SILVESTRI

PIANO VAMPS

FOR IMPROVISATION

Blues, Funk, Jazz, Waltz, Tango, Pop, Bossa Nova, Classic, Choro, Reggae ...

Inkl. Audio-Links

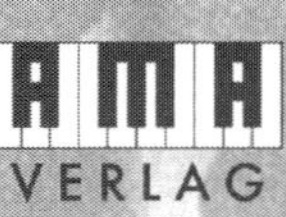

Impressum

AMA Verlag GmbH
Postfach 1168
50301 Brühl
Germany

E-Mail: mail@ama-verlag.de
www.ama-verlag.com

Umschlaggestaltung: artdesign kotronis
Redaktion: Harald Wingerter
Gesamtherstellung: Detlef Kessler

AMA 610494
ISBN 978-3-89922-251-7
ISMN M-50155-205-4

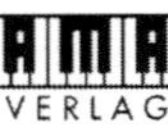

Inhalt

Tonleitern

B	Bluestonleiter
P	Dur-Pentatonik
PB	Penta-Bluestonleiter
D	Dur
NM	Natürlich-Moll
HM	Harmonisch-Moll
HM5	Harmonisch-Moll-5
L	Lydisch

Schwierigkeitsgrad

l	leicht	●○○○○
ml	mittelleicht	●●○○○
m	mittel	●●●○○
ms	mittelschwer	●●●●○
s	schwer	●●●●●

Audioaufnahmen

Von den Stücken gibt es Hörbeispiele. Im Downloadbereich zu diesem Buch könnt ihr euch die Audio-Tracks unter www.ama-verlag.com herunterladen.

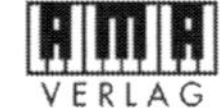

Einleitung

Vorwort

Ich erinnere mich noch gut daran, wie mir als Jugendlicher ein Freund die absteigende Basslinie von „Hit The Road Jack" gezeigt hat. Er brachte mir auch die entsprechende Bluestonleiter bei und sagte: „Nun spielst du mit der linken Hand die absteigende Basslinie und rechts spielst du die Töne der Bluestonleiter." Kaum hatte ich mit Klavierspielen begonnen, konnte ich dank der einfachen Methode schon das erste Mal improvisieren. Ich war total begeistert vom Groove und vom Sound, den ich mit dem Gelernten kreieren konnte – ein großartiges Gefühl! Ich übte den Vamp in verschiedenen Tonarten, experimentierte mit verschiedenen Tempi und variierte die Basslinie. So erwarb ich die Fähigkeit, mit der Bluestonleiter umzugehen, verbesserte Unabhängigkeit, Groove und freies Spiel. Durch das gemeinsame Spielen auf zwei Pianos verbesserte ich auch mein formales Bewusstsein sowie das Zusammenspiel – und es machte unglaublichen Spaß!
Die Vamps erwiesen sich auch später als geniales Mittel. Mit meiner ersten Band jammte ich oft stundenlang im Übungskeller. Wir spielten Vamps und improvisierten darüber, immer wieder entstanden in diesen Jamsessions aus Vamps eigene Stücke. Viele berühmte Musikstücke sind auf einem Vamp aufgebaut. Ich denke da zum Beispiel an „Take Five", „Watermelon Man", „I Wish" und viele mehr.
Als Klavierlehrer begann ich dann, Impro-Vamps in die Lektionen einzubauen. Die Schüler hatten großen Spaß daran, so dass ich immer weitere Piano-Vamps schrieb. Als immer mehr Berufskollegen von diesen Impro-Vamps Gebrauch machten, beschloss ich, sie in einem Heft zu veröffentlichen. Die Vamps ermöglichen es auch jenen, die erst seit kurzem zu spielen begonnen haben, erste Erfahrungen mit Improvisation zu machen, was sehr motivierend ist.

Gliederung

Das Heft ist in 3 Teile gegliedert:

Teil 1 — für Piano solo
Die Vamps werden mit der linken Hand gespielt, während mit der rechten Hand dazu improvisiert wird. Selbstverständlich kann das auch auf zwei Musizierende aufgeteilt werden.

Teil 2 — für Zwei
Vamps für zwei Musizierende. Eine Person spielt den Piano-Groove, während die anderere dazu improvisiert. Das ist mit allen Instrumenten möglich.

Teil 3 — Tonleitern
Auflistung der einzelnen Tonleitern, die zu den Vamps gespielt werden können. Außerdem gibt es noch Beispiel-Patterns sowie einige Tipps zum Üben.

Das Heft ist nicht aufbauend gegliedert. Es finden sich leichtere und schwierigere Vamps. Die einzelnen Schwierigkeitsgrade sind im Inhaltsverzeichnis und bei den Stücken mit Hilfe einer fünfstufigen Ampel angegeben.

Die einzelnen Tonleitern, die für das Improvisieren gebraucht werden, sind bewusst erst im 3. Teil in Noten aufgeschrieben und nicht bei den einzelnen Vamps notiert. Das Ziel ist, dass die Schüler sich so entweder die Tonleiter merken oder sie in das leere Notensystem schreiben, was schon einen ersten Lernschritt bedeutet. Die leeren Notensysteme können natürlich auch für die Notation einzelner Ideen verwendet werden.

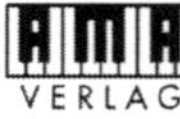

Anwendung der Vamps

Impro-Vamps sind eine großartige Sache – sowohl für den privaten Gebrauch als auch für die Klavierstunde. Das Klavierspiel wird um eine farbige, lebendige und abwechslungsreiche Facette erweitert. Mit Vamps ist es möglich, in kurzer Zeit auf verschiedenen Niveaus zu musizieren. Man kann 30 Sekunden oder auch 30 Minuten an einem Vamp verweilen. Die Lieblings-Vamps spielt man dann schnell auswendig und hat sie immer dabei! Viele meiner Schüler sind regelrecht süchtig nach Impro-Vamps.

Vorgehensweise
Zuerst wird die linke Hand geübt und automatisiert. Bei den Vamps, die in mehreren Tonarten geschrieben sind, empfiehlt sich, zuerst nur eine Tonart zu üben.
Anschließend soll das Tonmaterial (die zum Vamp passende Tonleiter) zunächst ohne linke Hand gespielt und auswendig gelernt werden. Beim Improvisieren soll die Tonleiter als „Tonreservoir" betrachtet werden: Sie beginnt irgendwo und hört irgendwo auf. Das heißt, die Fingersätze können sehr variieren, je nachdem, wo gestartet und wie weitergespielt wird. Wichtig ist auch, dass nicht Grundton-fixiert gespielt wird, d.h., dass die Anfangstöne der Improvisationsmotive variiert werden. Mehr dazu im Teil 3 unter „Tonarten üben".
Im letzten Schritt ist man bereit, beide Hände zusammenzuführen. Darüber hinaus können einzelne Patterns (siehe Teil 3) geübt und in das Spiel eingebaut werden.

In der Klavierstunde
Oft beginne oder beende ich eine Klavierlektion mit einem Vamp auf zwei Klavieren.
Das geht dann zum Beispiel so: Zuerst spiele ich die linke Hand des Vamps vor. Der soll dann vom Schüler nachgespielt und automatisiert werden. Weil die Vamps meist sehr einfach sind, geht das relativ schnell. Danach zeige ich die zur Improvisation benötigte Tonleiter und gebe vielleicht noch einige Tipps. Nun spielen und improvisieren wir abwechselnd entweder mit der linken oder rechten Hand auf zwei Klavieren. So muss man sich nur auf eine Hand konzentrieren. Bei Digitalpianos kann der Vamp auch aufgenommen und dazu improvisiert werden.

Hier könnt ihr euch einen kleinen Film mit Blick in eine Klavierstunde ansehen, in der ein Vamp angewendet wird.

Und nun viel Spaß!

Thomas Silvestri

Teil 1

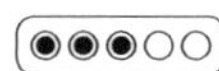

A Thing To Swing

Thomas Silvestri

medium Swing ♫ = ♩ ♪ (triplet)

Improvisationsmaterial: G-Bluestonleiter

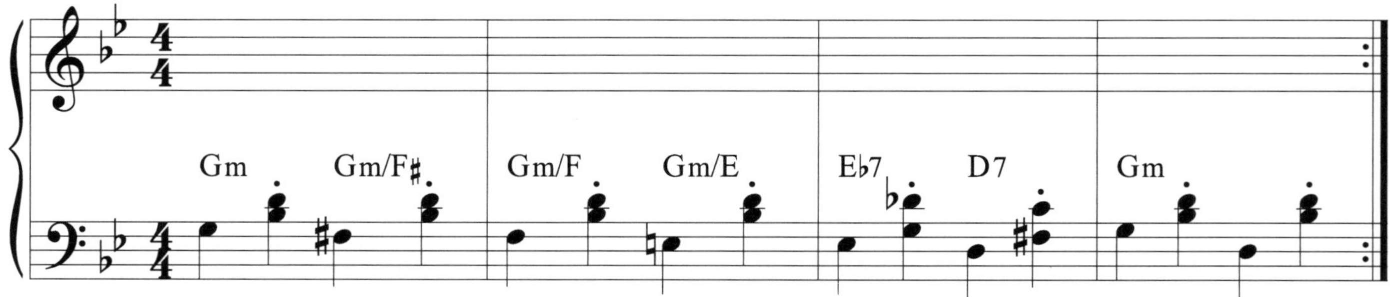

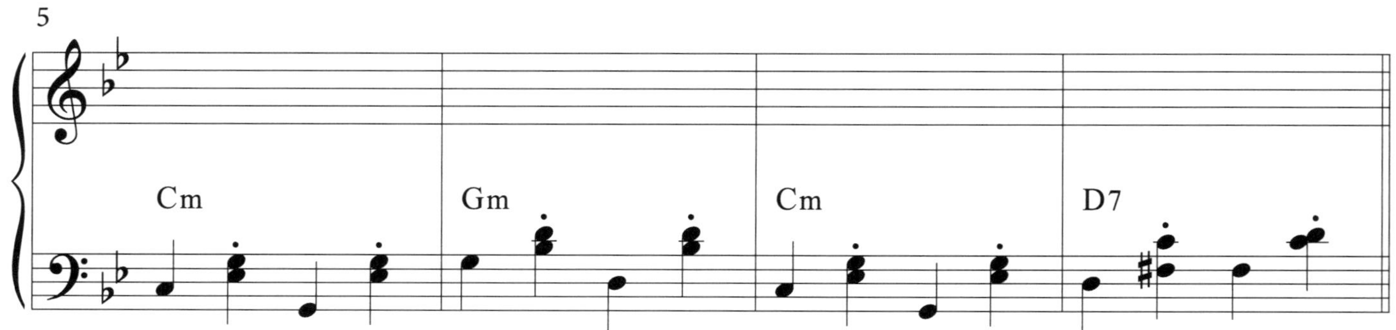

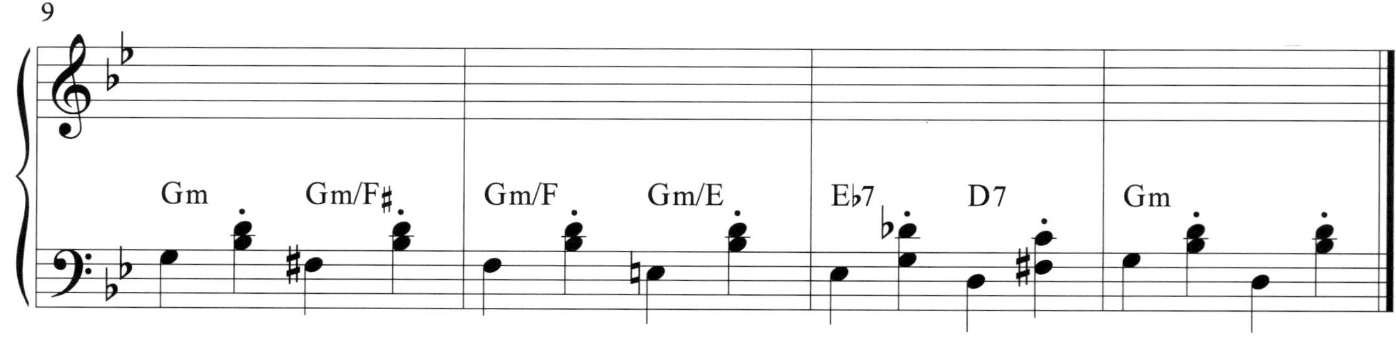

Hinweis: Es können auch nur die ersten vier Takte gespielt werden.

Valse Violette

(●●●○○)

medium/fast valse

Thomas Silvestri

A-Harmonisch-Moll

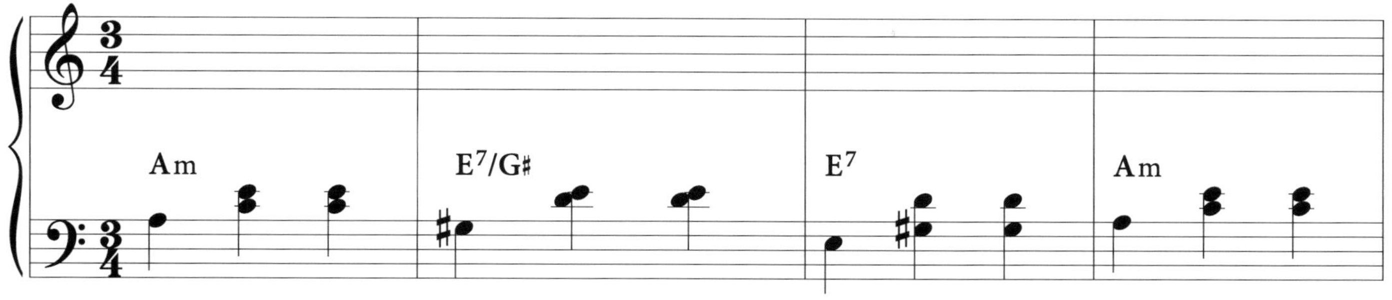

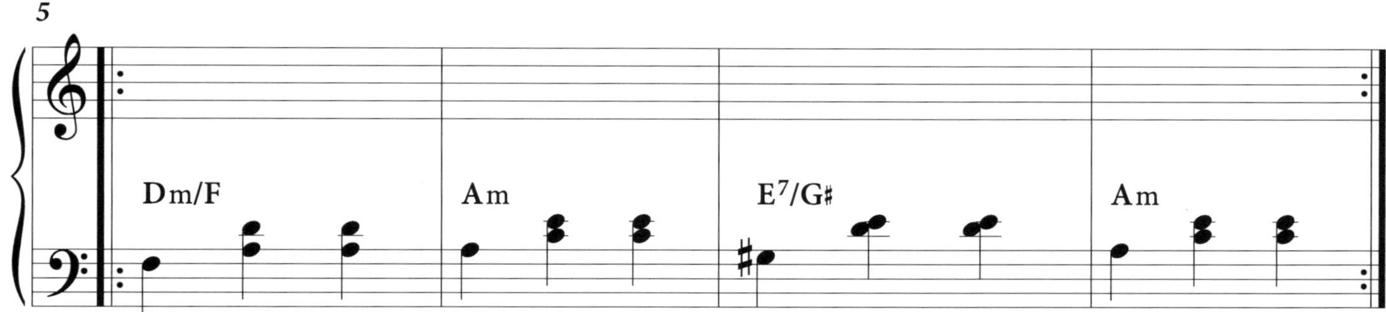

Rising

(●●○○○)

medium Swing ♫ = ♩ ♪ (triplet)

Thomas Silvestri

D-Dur-Tonleiter

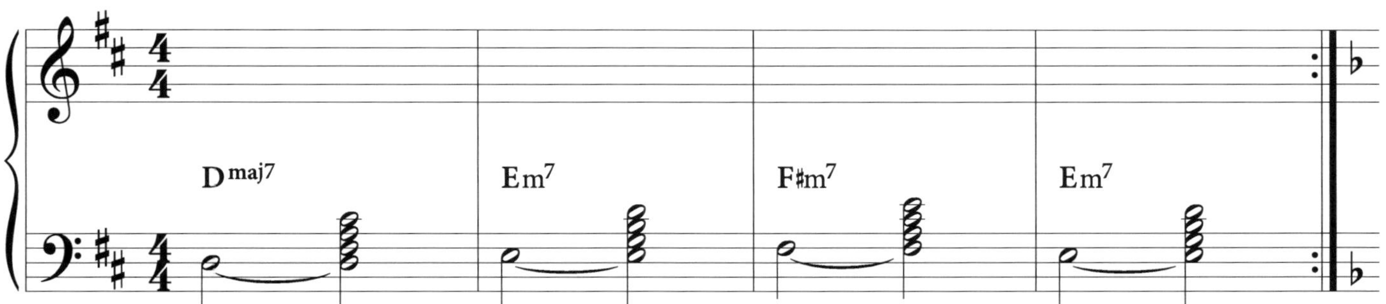

F-Dur-Tonleiter

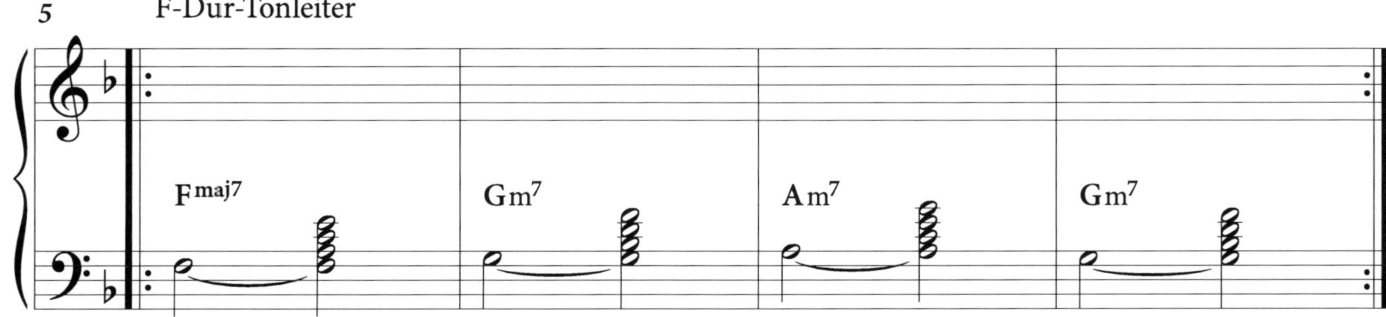

New Orleans Groove

Thomas Silvestri

medium straight 8ths

C-Bluestonleiter oder die jeweiligen Pentablue-Tonleitern C, F, G

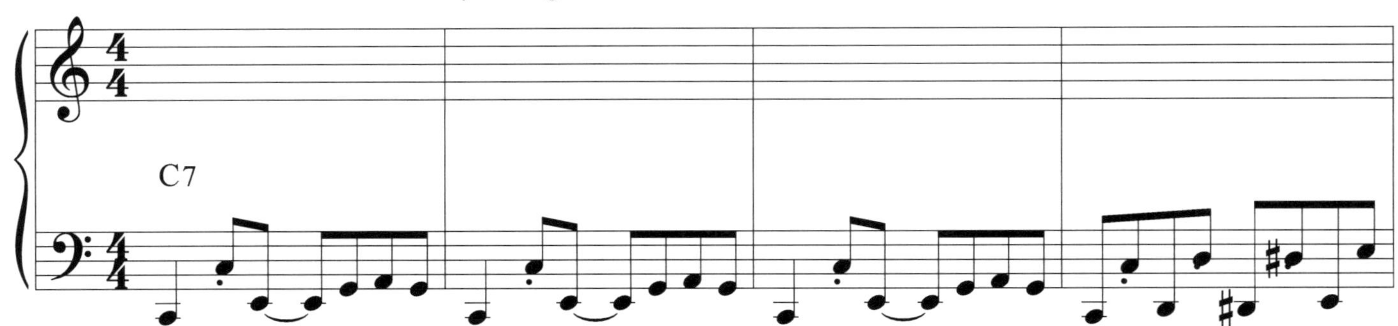

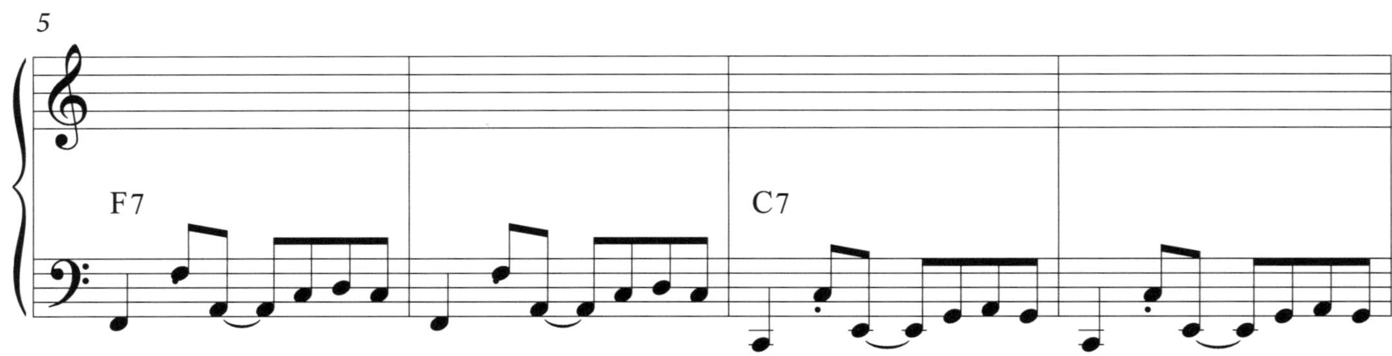

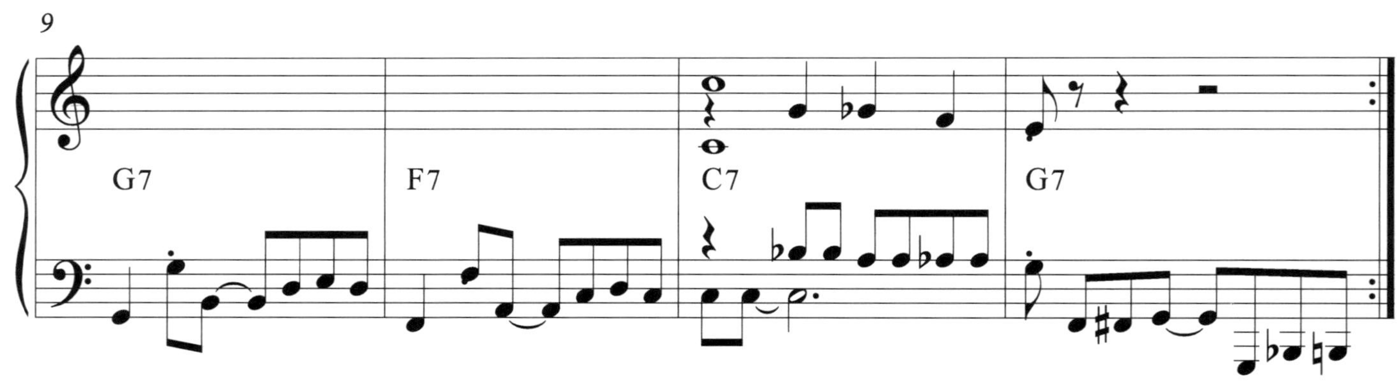

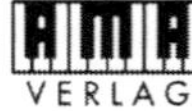

New Orleans Groove

(einfache Version)

Thomas Silvestri

medium straight 8ths

C-Bluestonleiter sowie die jeweiligen Pentablue-Tonleitern

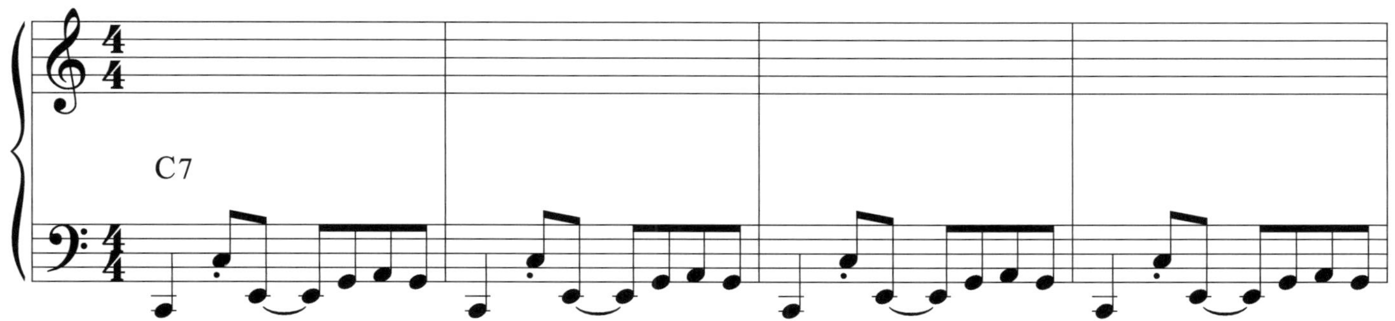

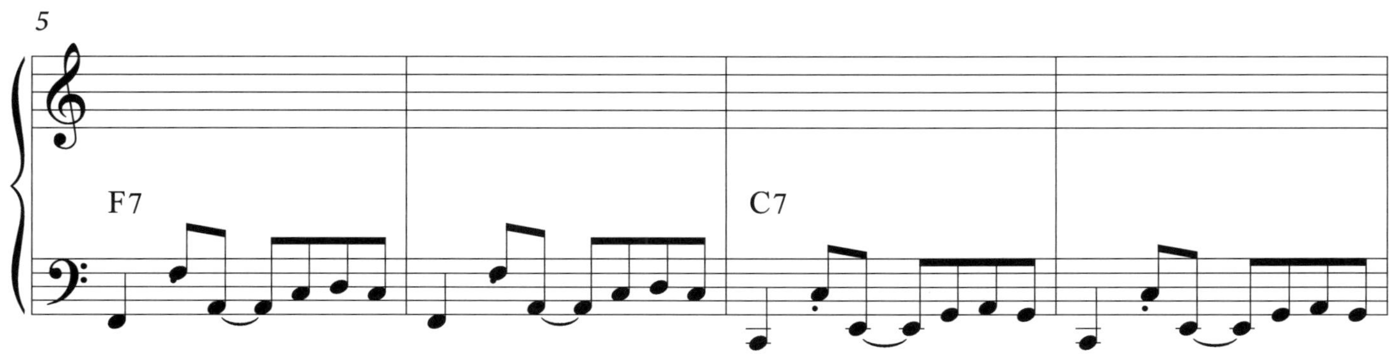

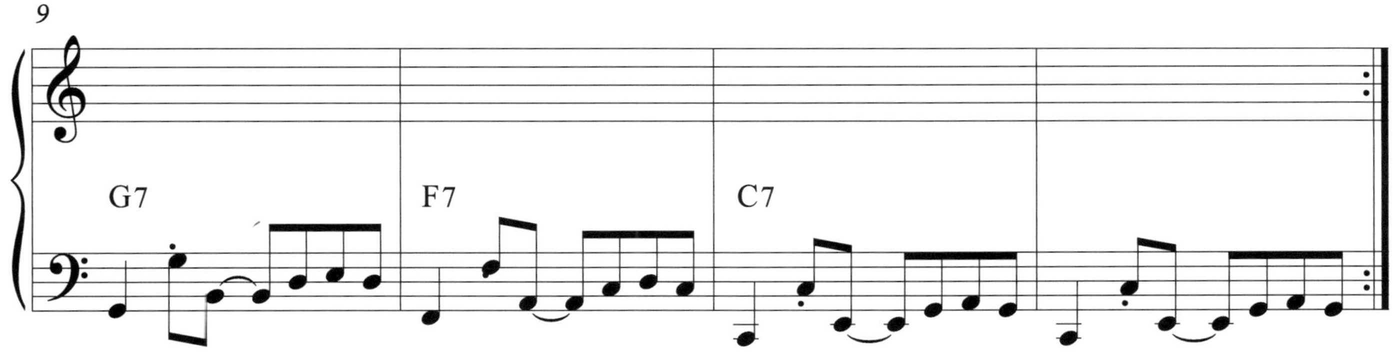

New Orleans Groove

(Begleitung)

Thomas Silvestri

medium straight 8ths

C-Bluestonleiter sowie die jeweiligen Pentablue-Tonleitern

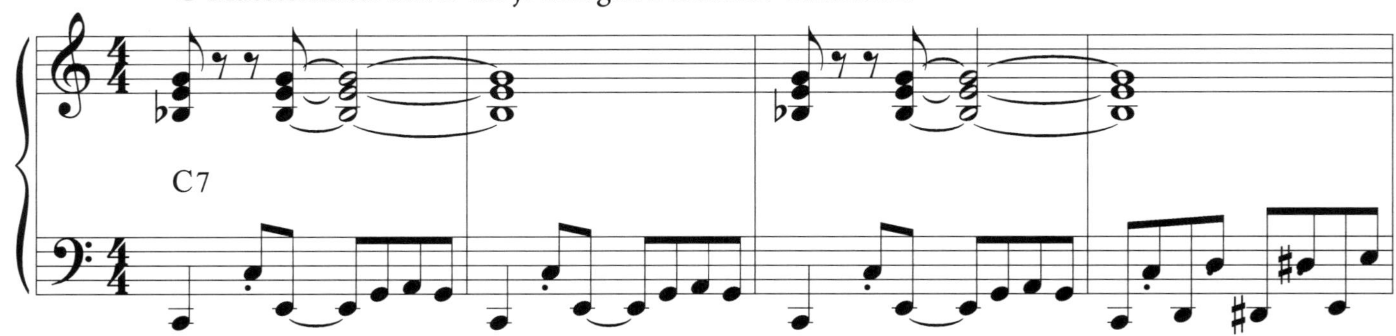

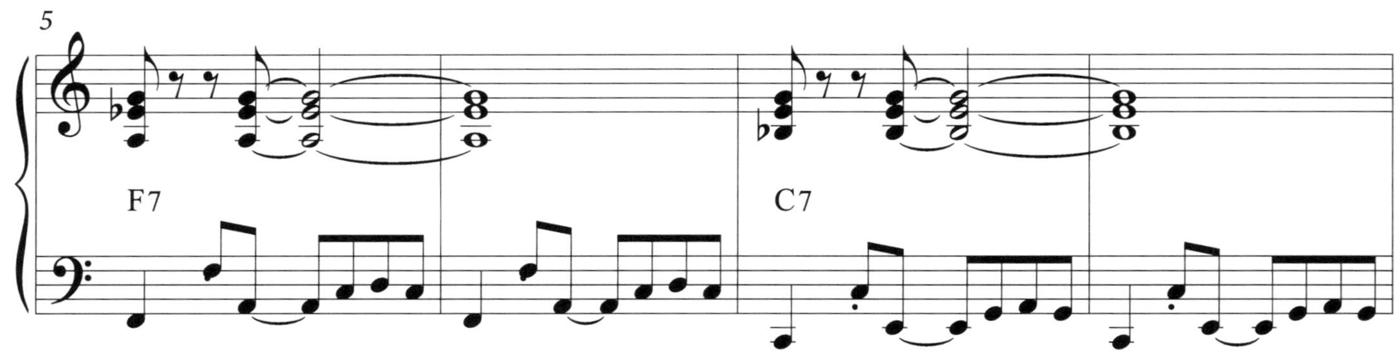

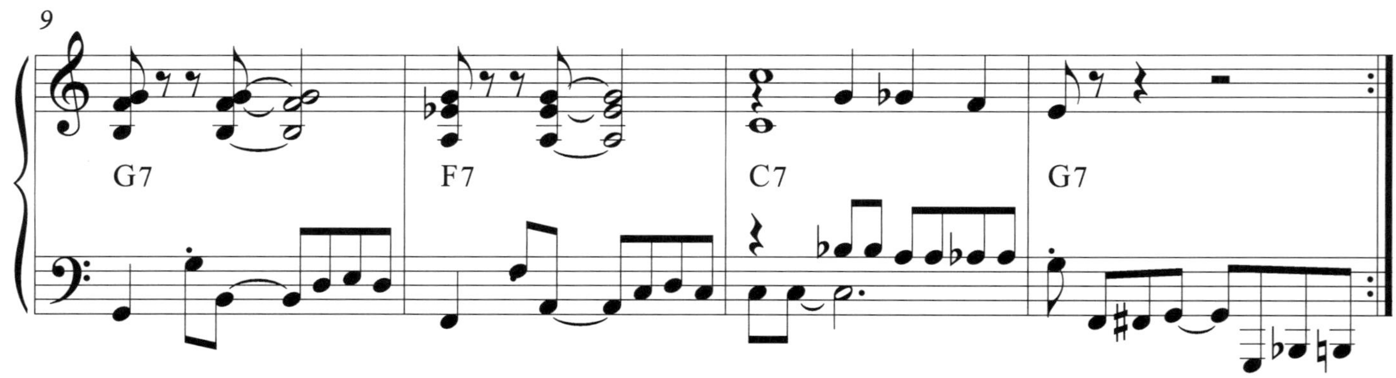

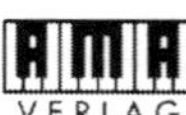

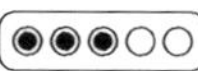

Tango Para Amigas

Thomas Silvestri

medium Tango

D-Harmonisch-Moll-5 (= G-Harmonisch-Moll von d nach d)

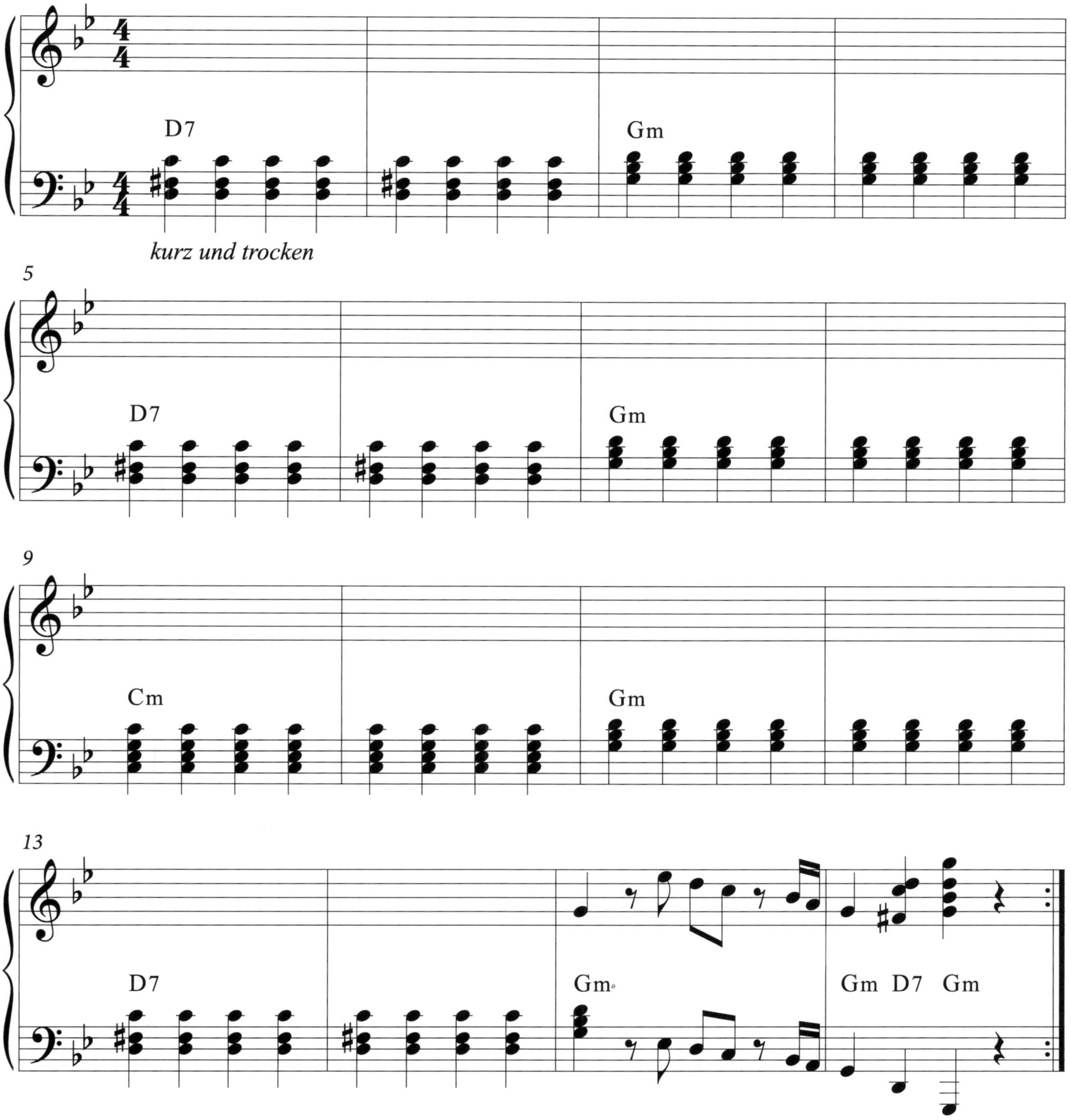

D7 Gm

kurz und trocken

5

D7 Gm

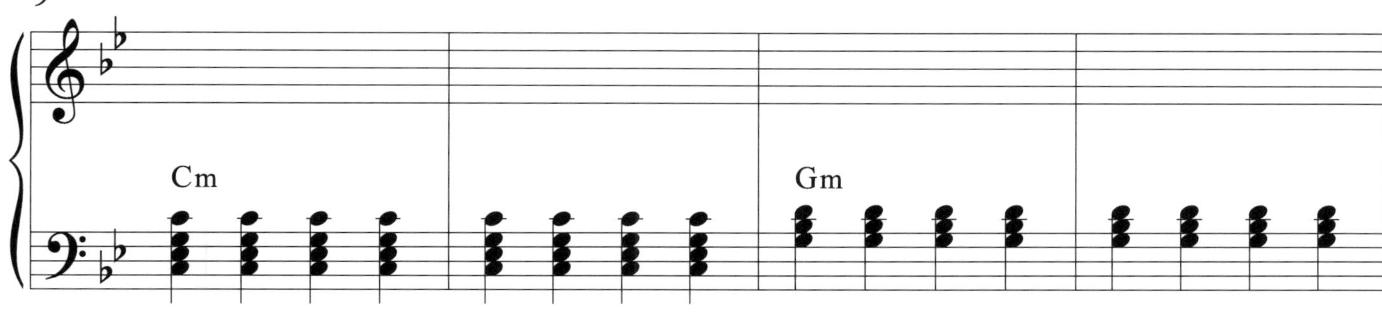

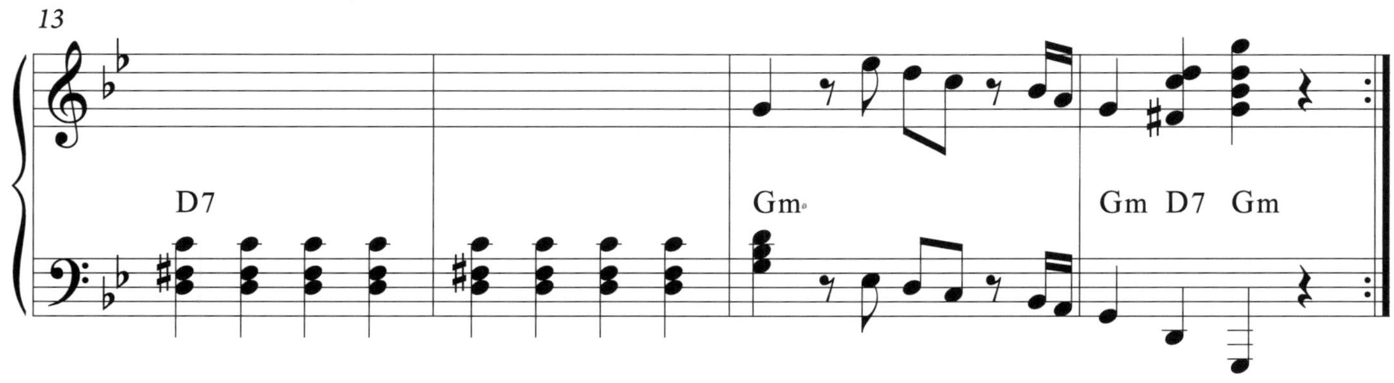

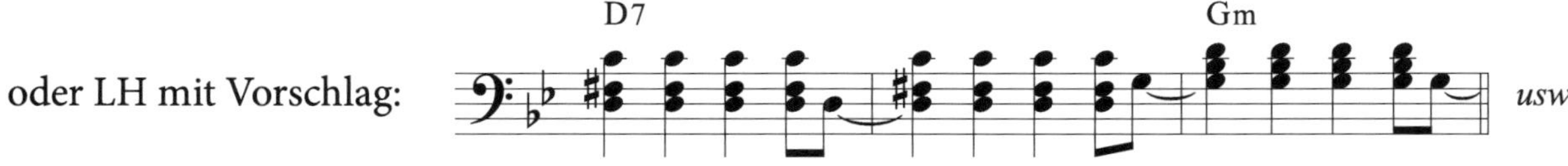

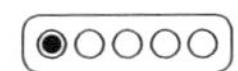

A Little Beautiful Journey

Thomas Silvestri

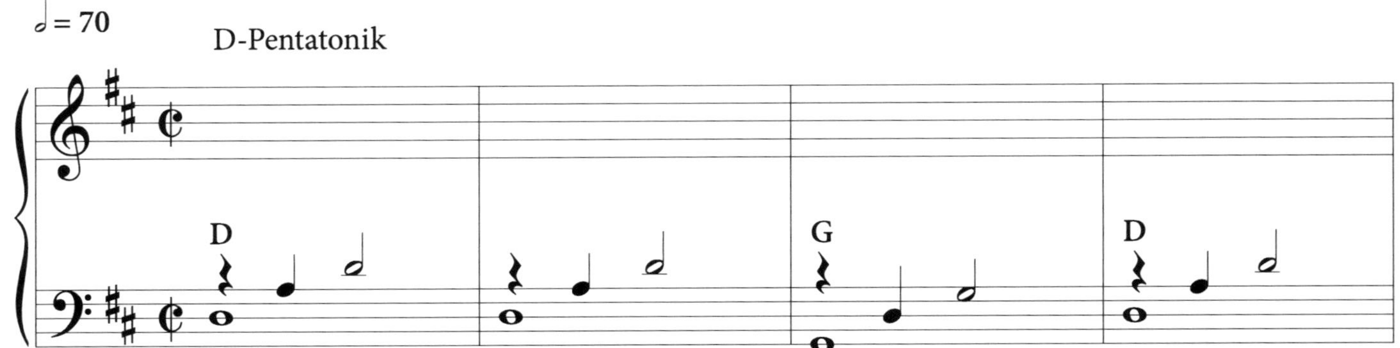

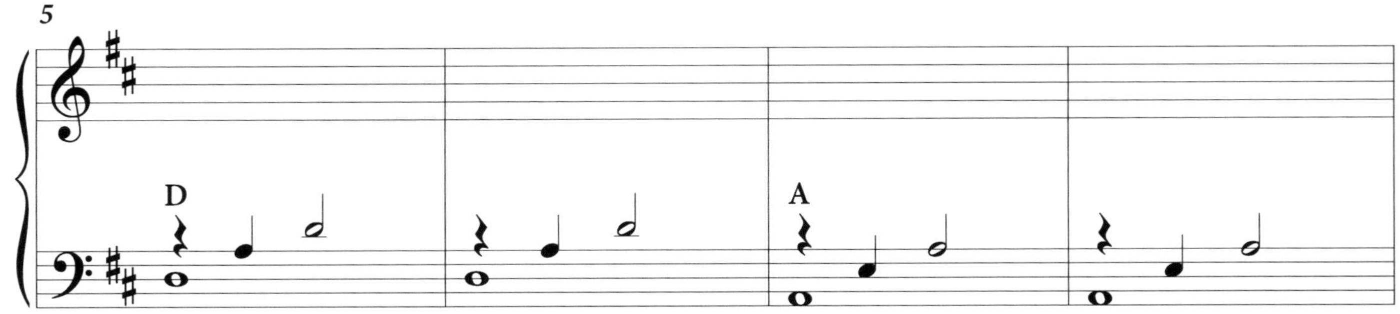

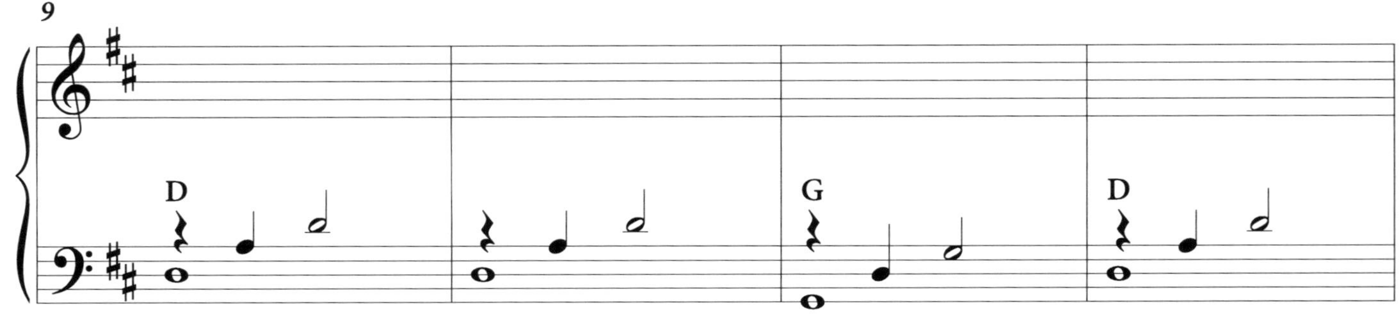

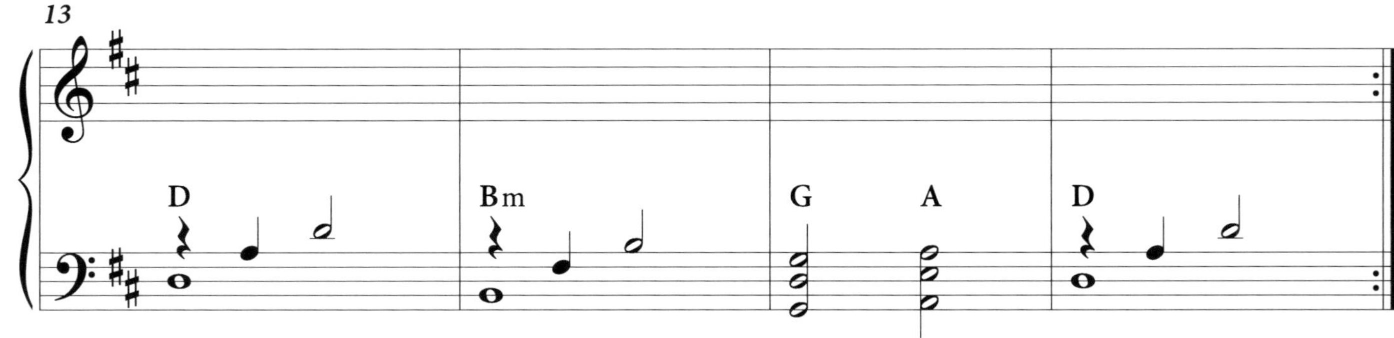

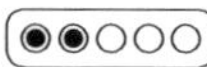

Cat's Blues

Thomas Silvestri

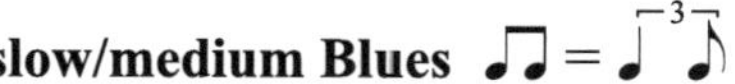

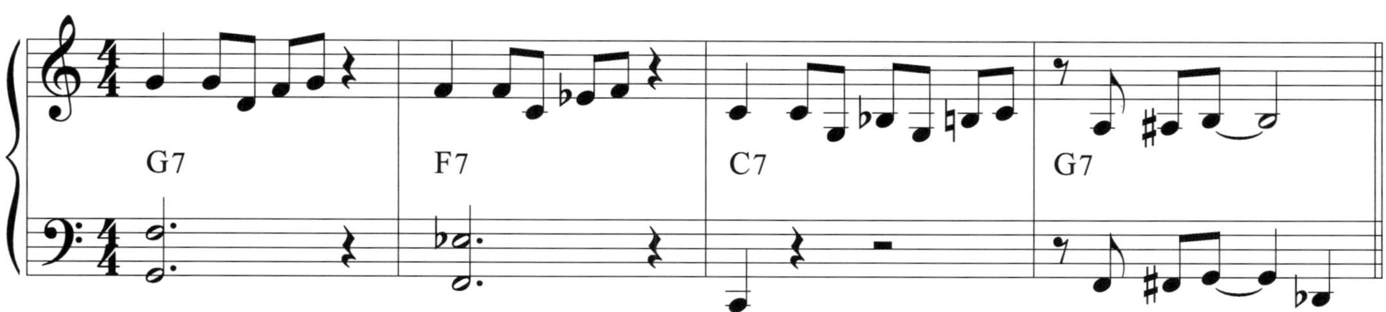

5

C-Bluestonleiter

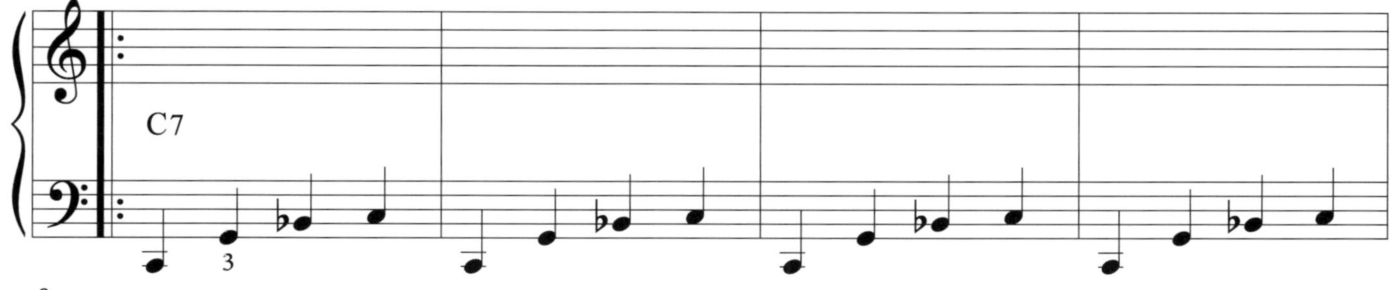

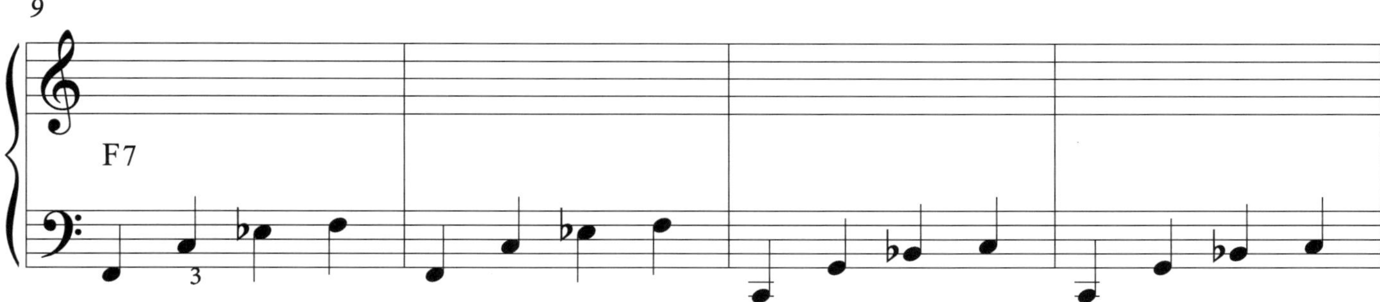

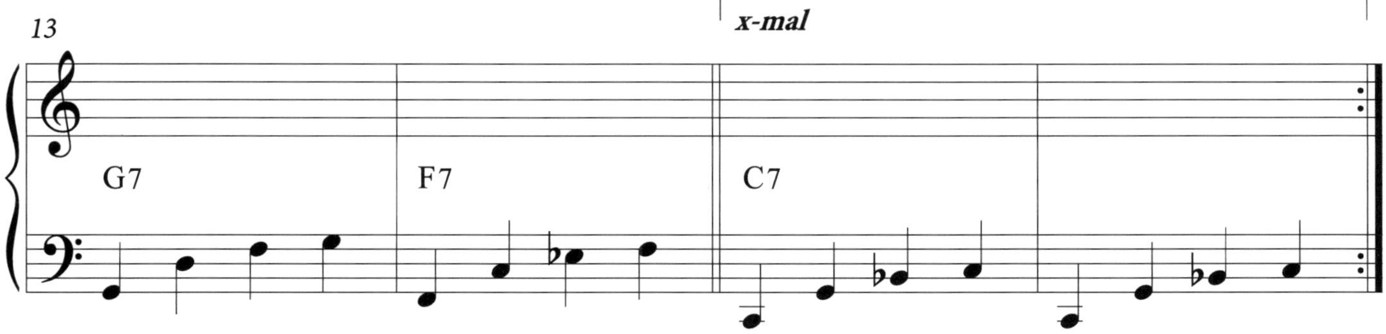

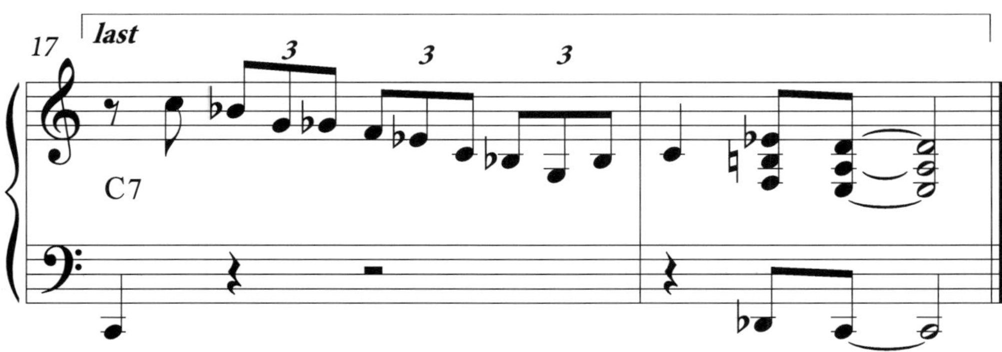

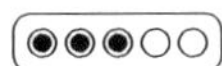

Joannes Walk

Thomas Silvestri

medium

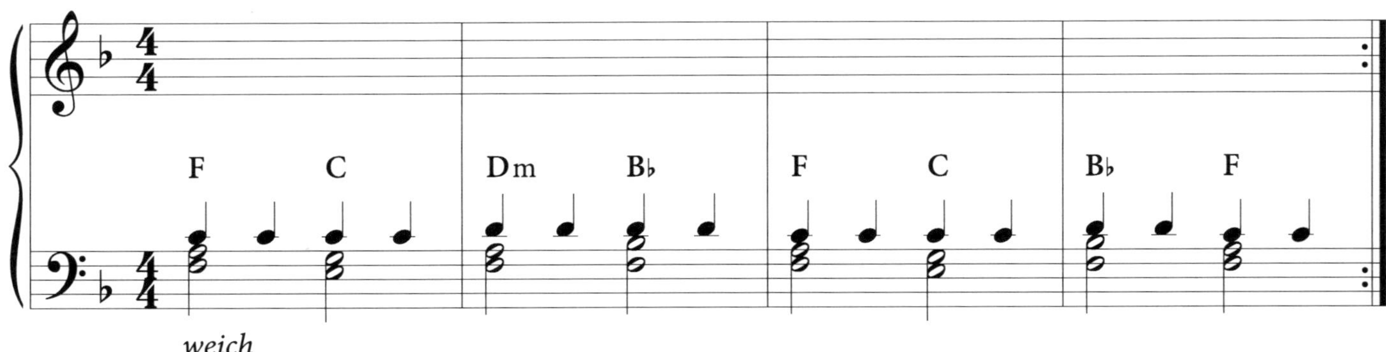

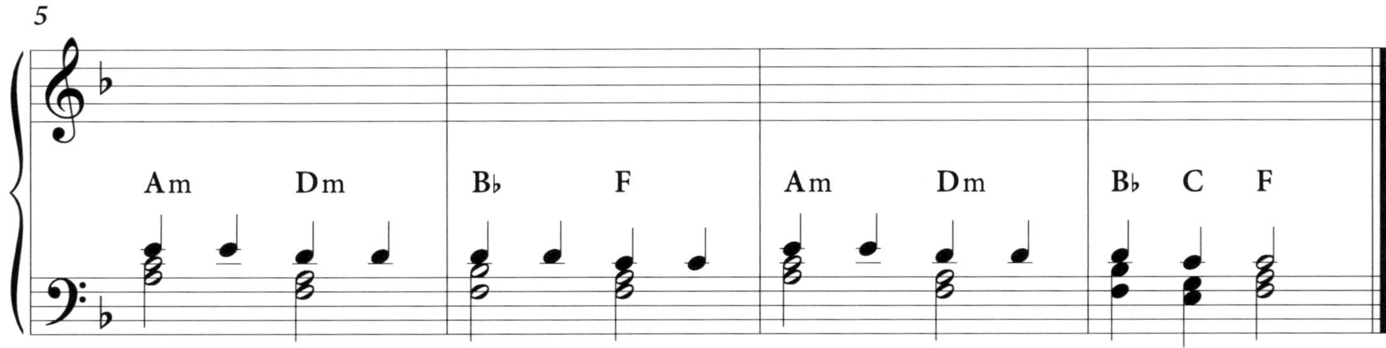

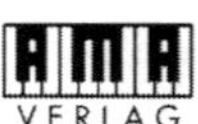

(●●●○○)

Freddy

Thomas Silvestri

medium Swing ♫ = ♩ ♪ (triplet)

C-Pentablue, C-Dur-Tonleiter; bei C♯°7 Akkordtöne verwenden

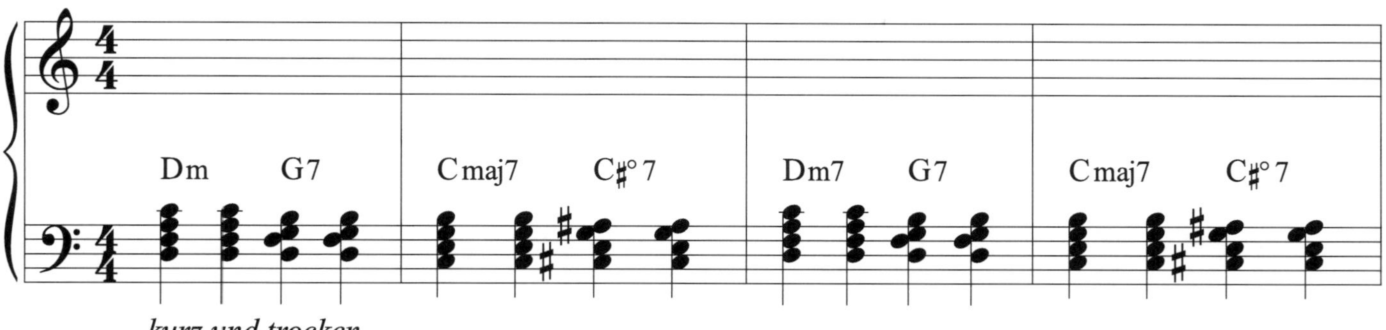

kurz und trocken

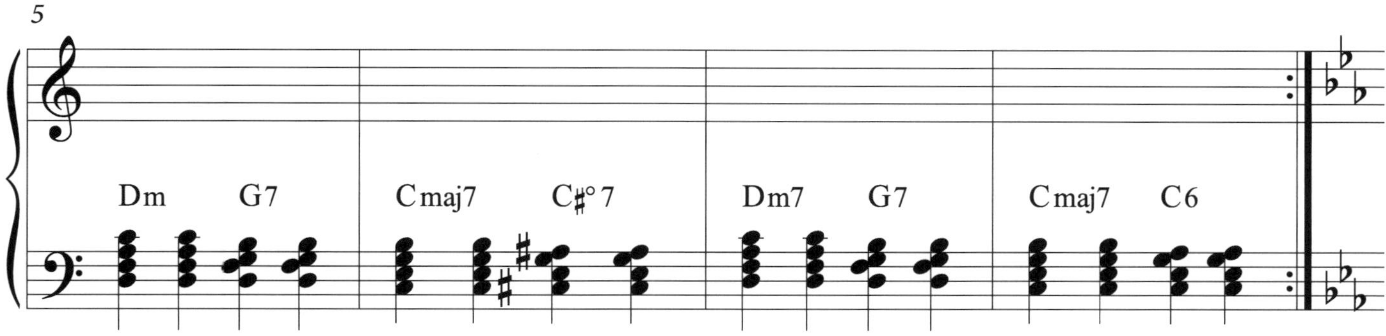

E♭-Pentablue, E♭-Dur-Tonleiter; bei E°7 Akkordtöne verwenden

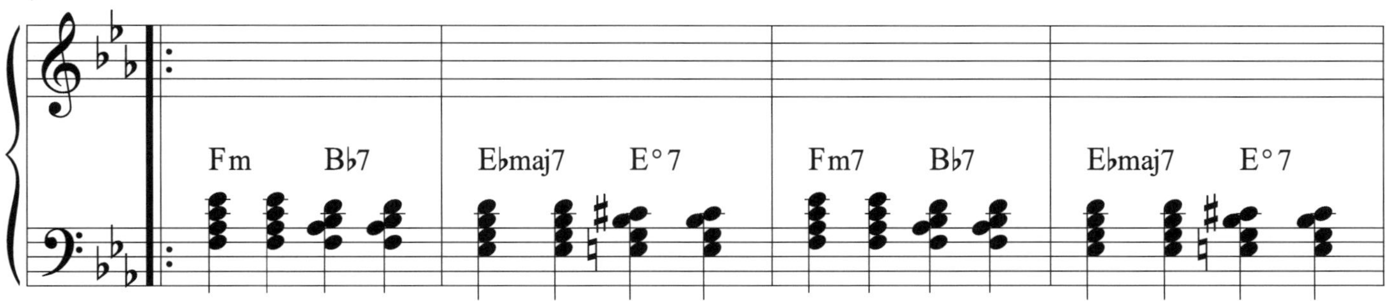

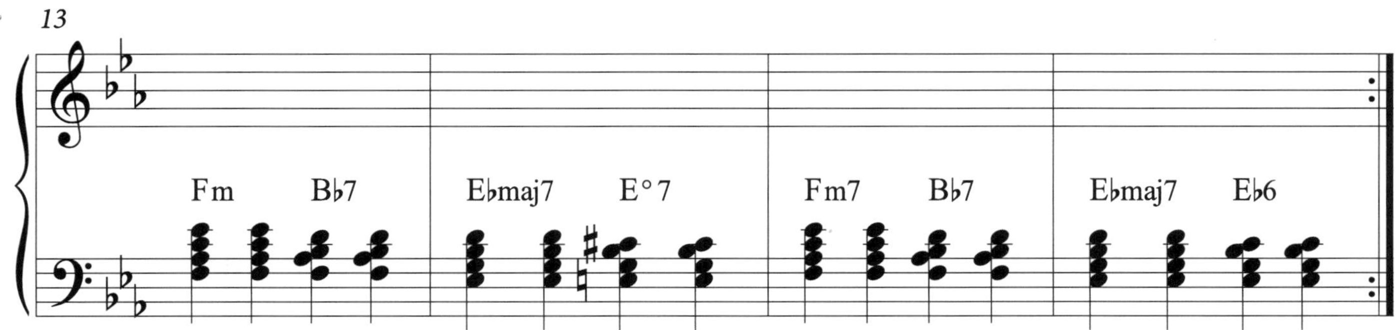

Hinweis: Es können auch nur die ersten acht Takte gespielt werden.

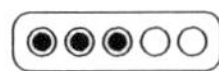

Midnight Dance

Thomas Silvestri

medium Jazz Waltz ♫ = ♩ ♪ (triplet)

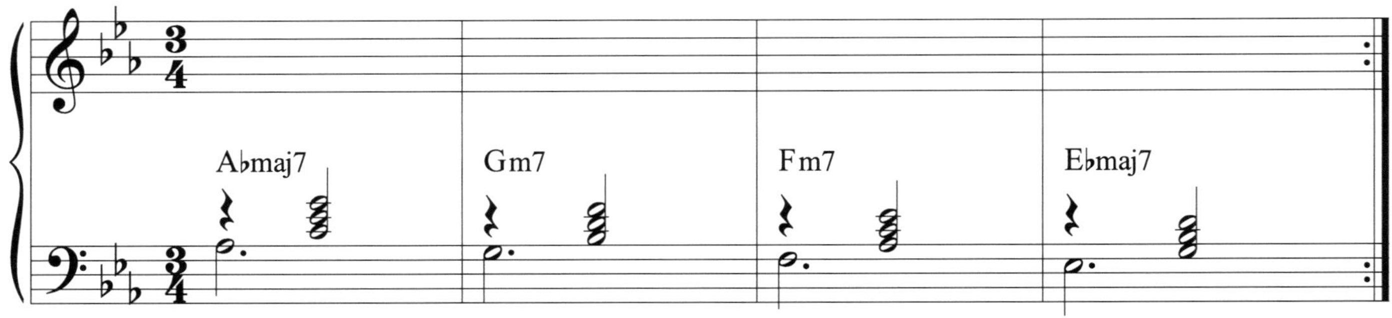

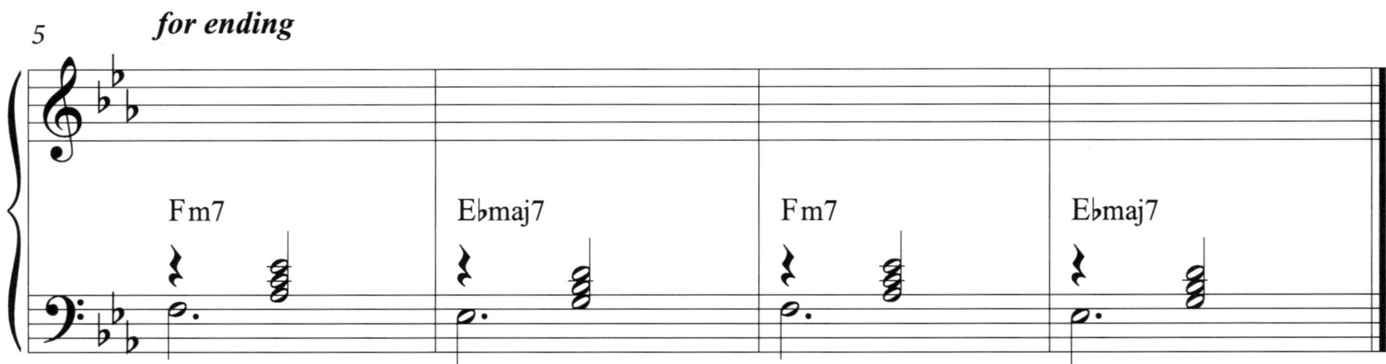

Optional transponieren nach G-Dur.

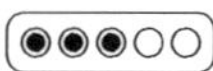

Fioccos Di Neve

Thomas Silvestri

medium

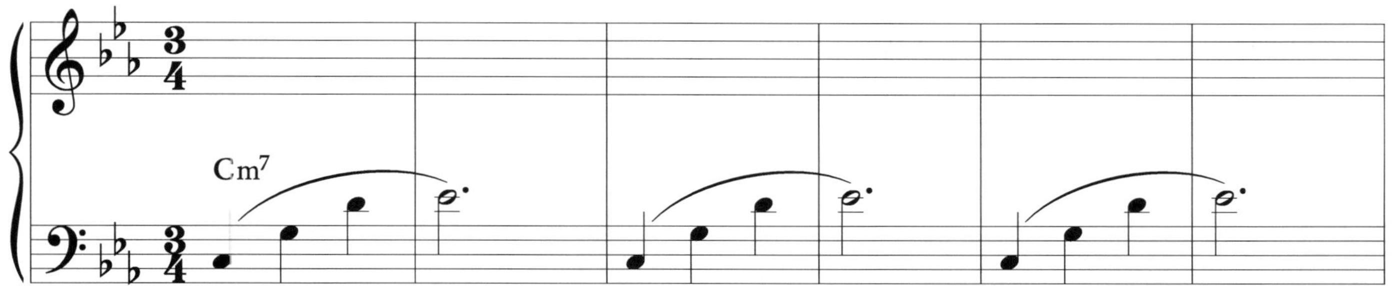

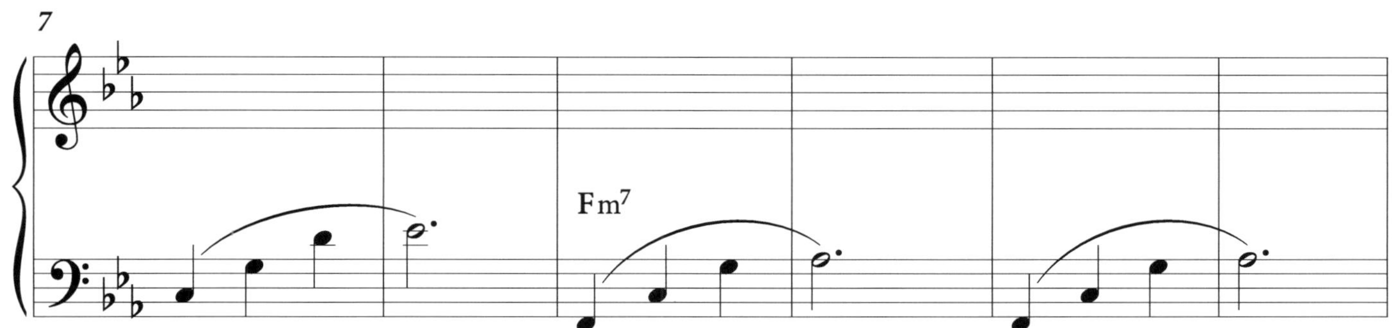

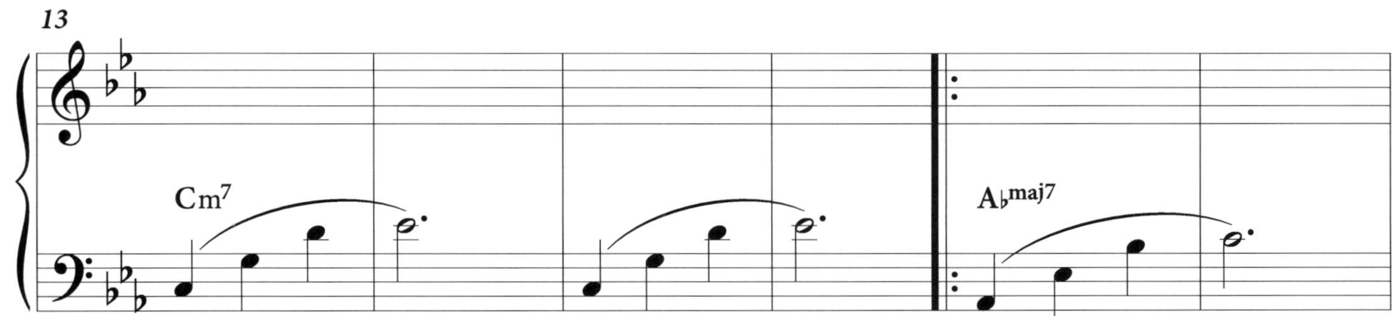

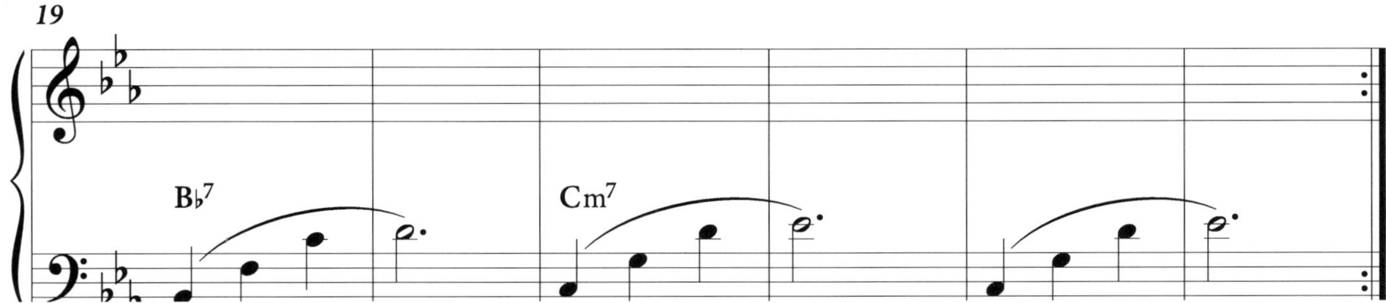

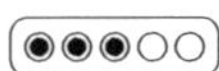

Slow Minor Blues

Thomas Silvestri

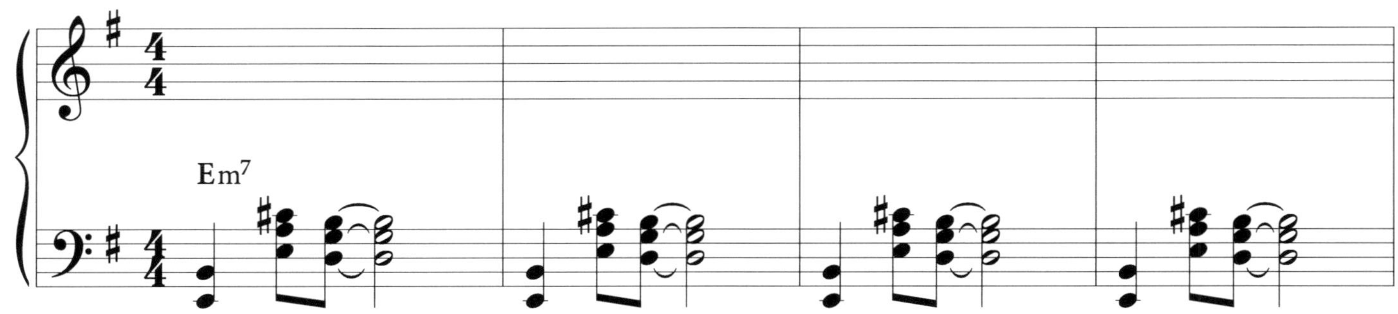

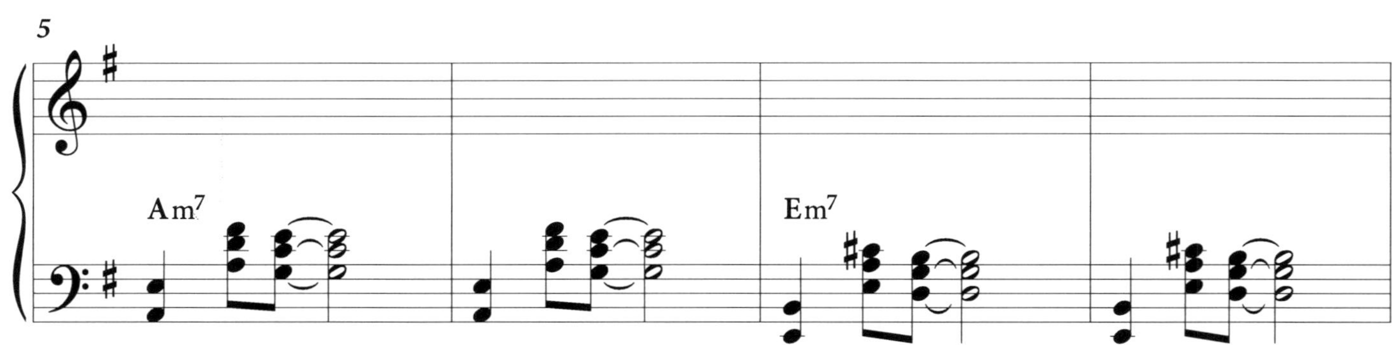

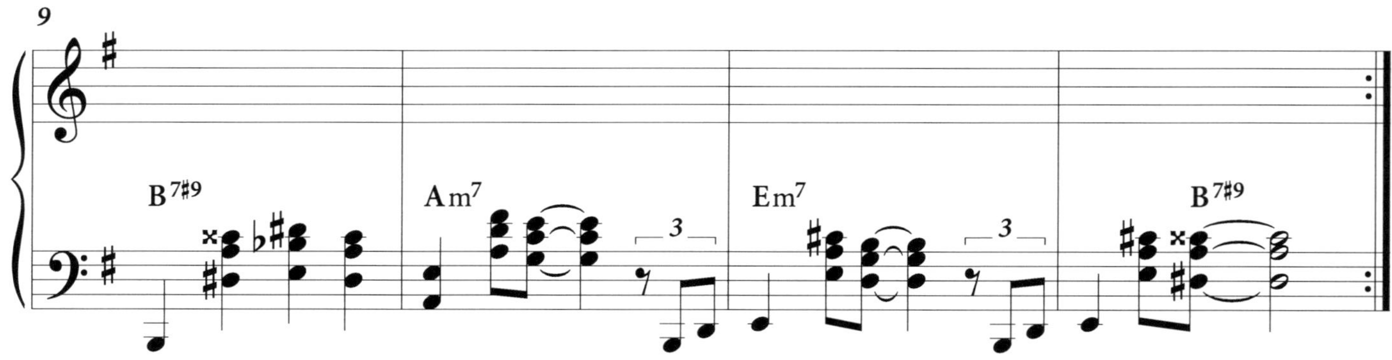

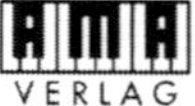

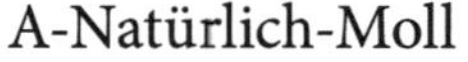

Être Sur Un Petit Nuage

Thomas Silvestri

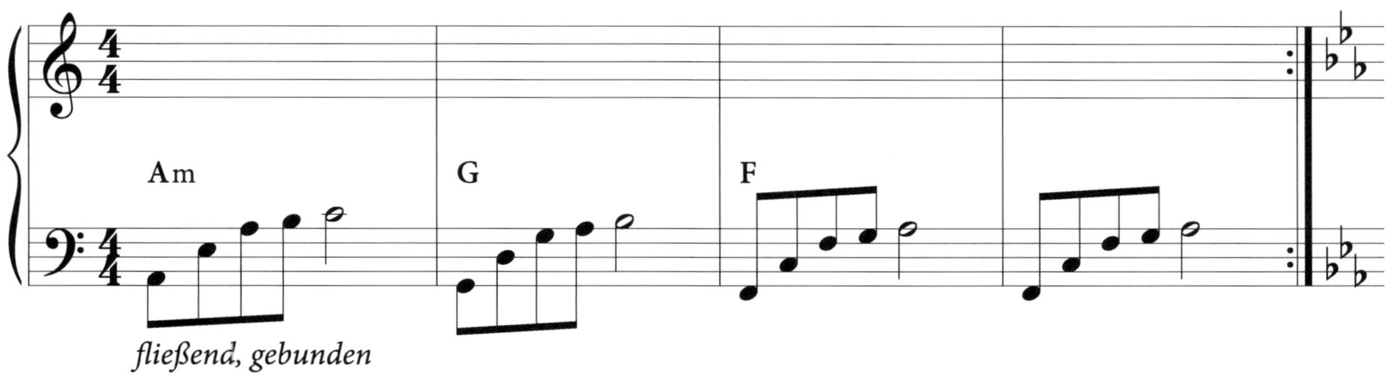

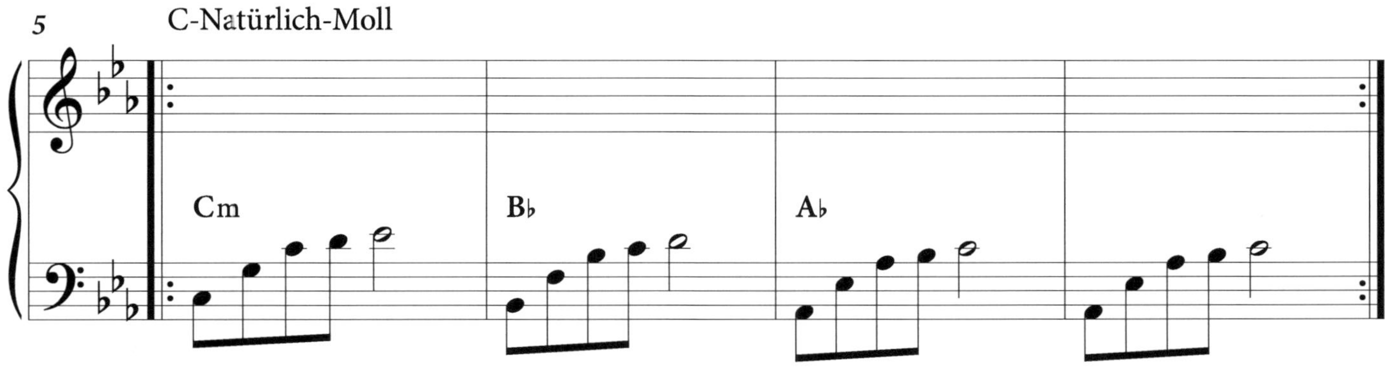

Panther Steps

Thomas Silvestri

medium/fast Swing

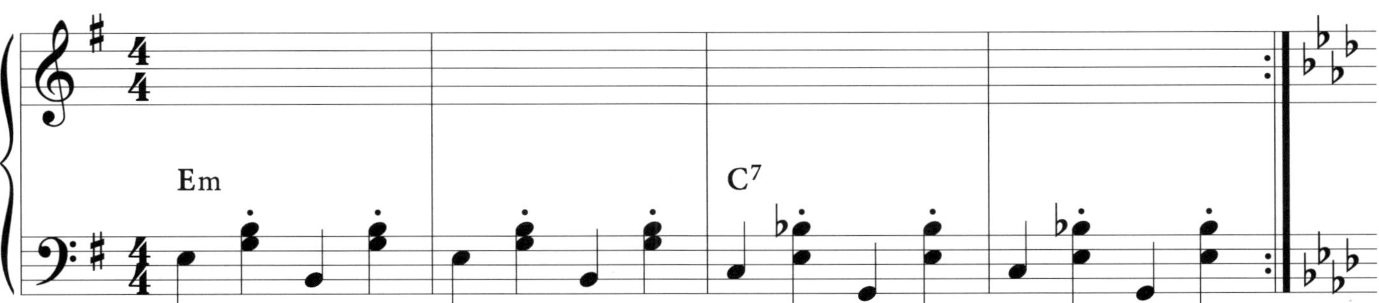

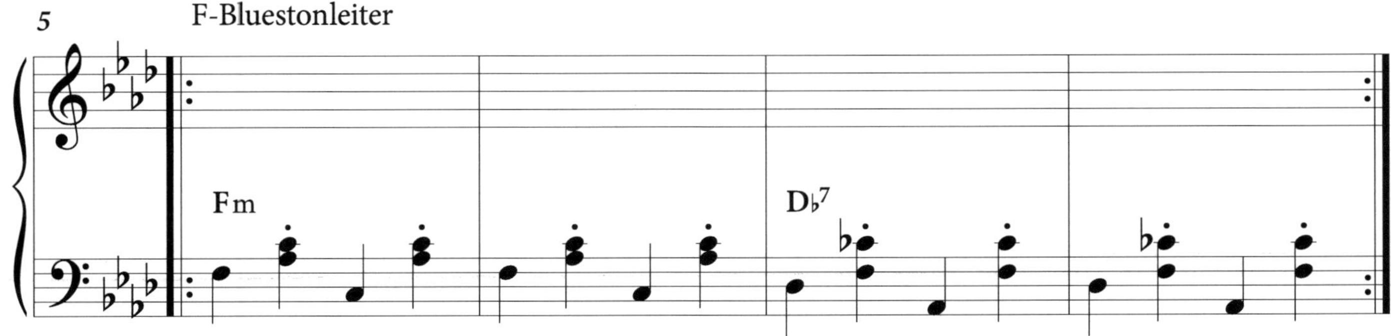

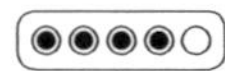

Tom's Blue Vamp

Thomas Silvestri

slow Swing

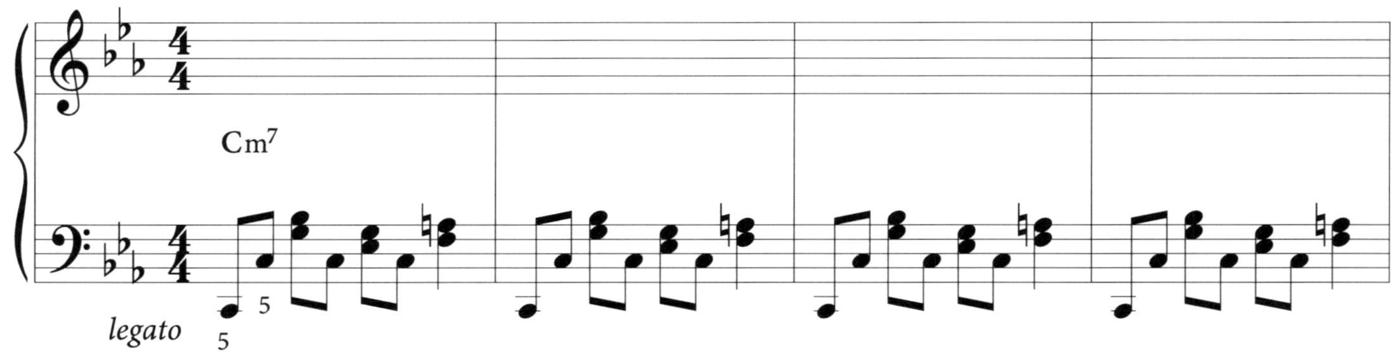

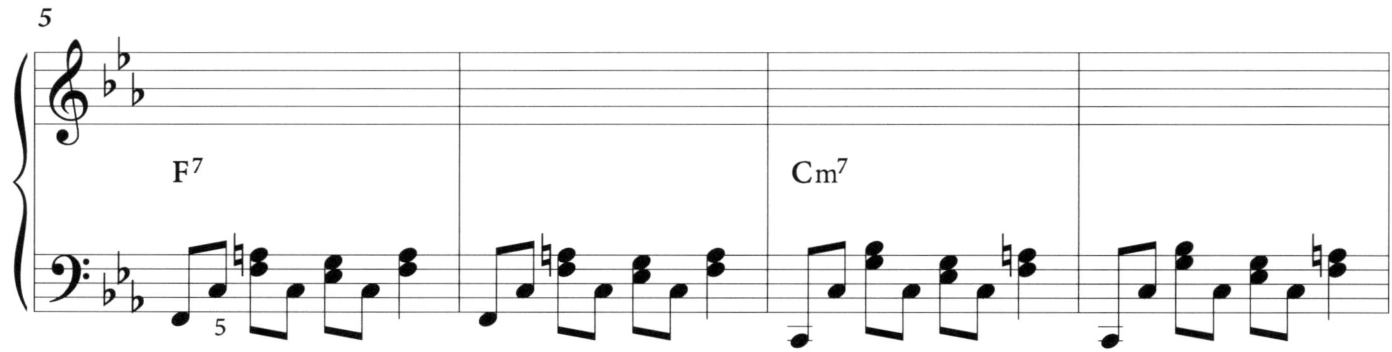

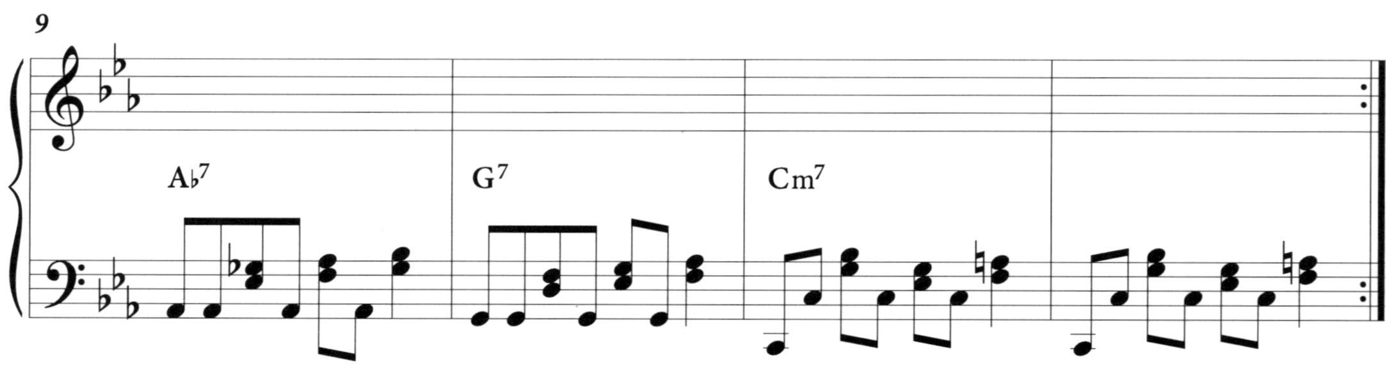

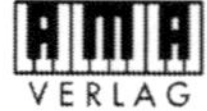

oder:

slow Swing ♫ = ♩ ♪ (triplet)

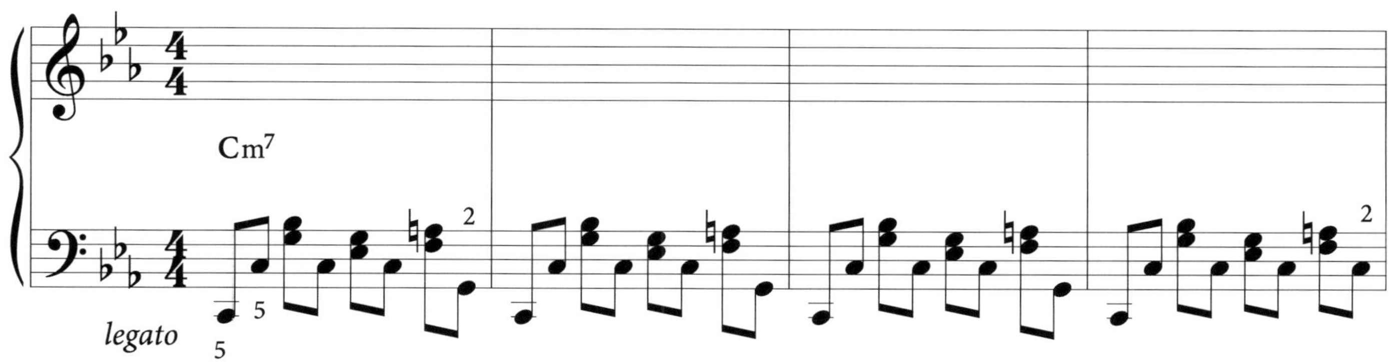

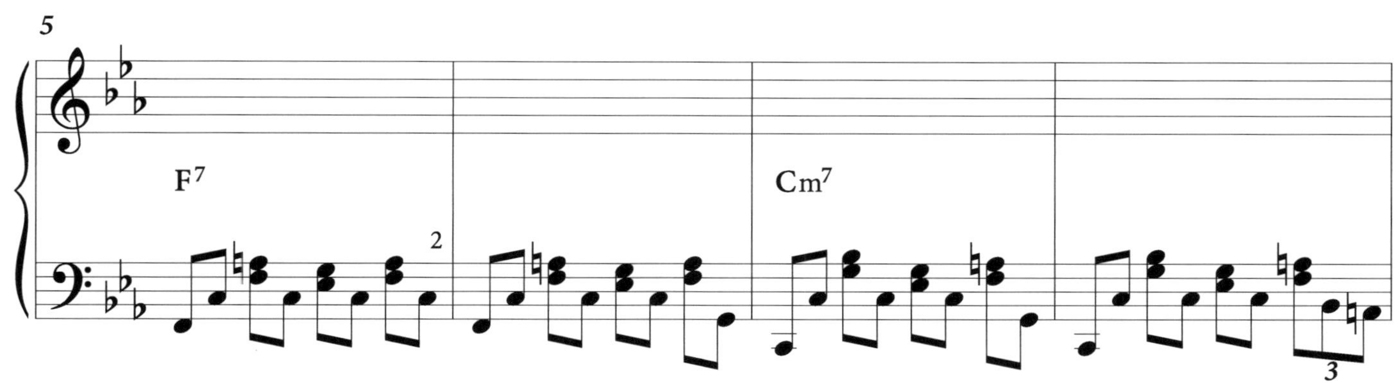

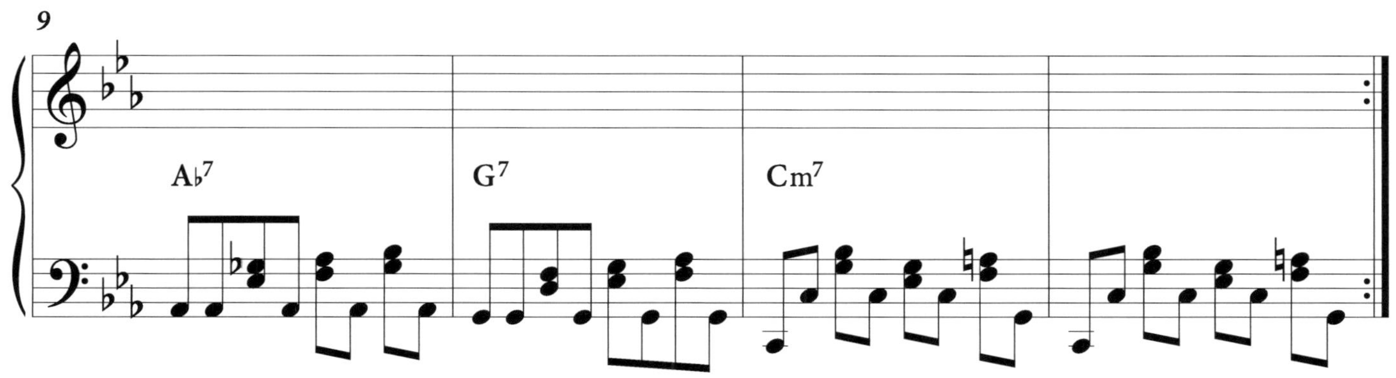

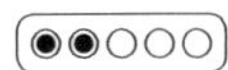

Nice Mood

Thomas Silvestri

Pop Ballad

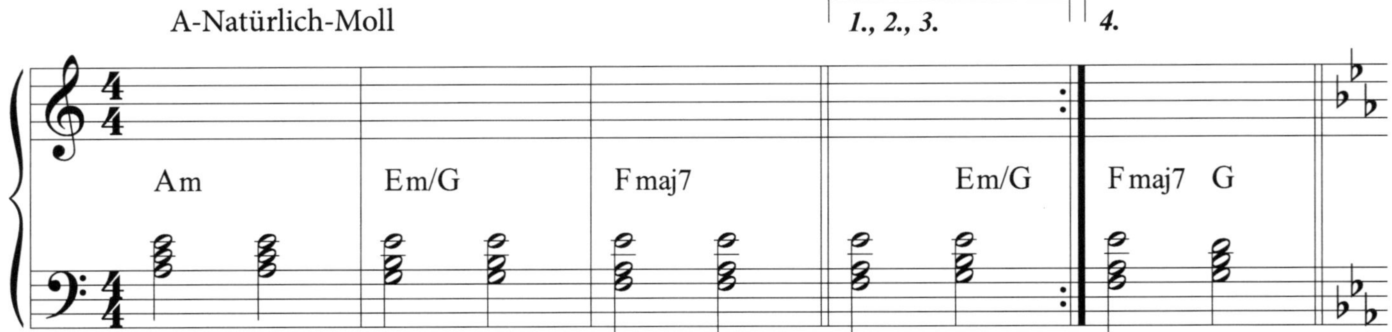

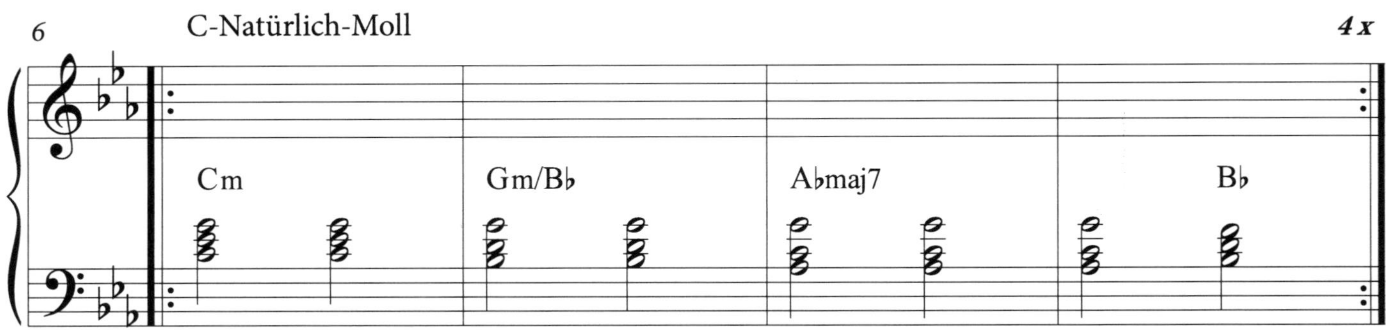

Softly?

Thomas Silvestri

medium Swing ♫ = ♩♪ (3)

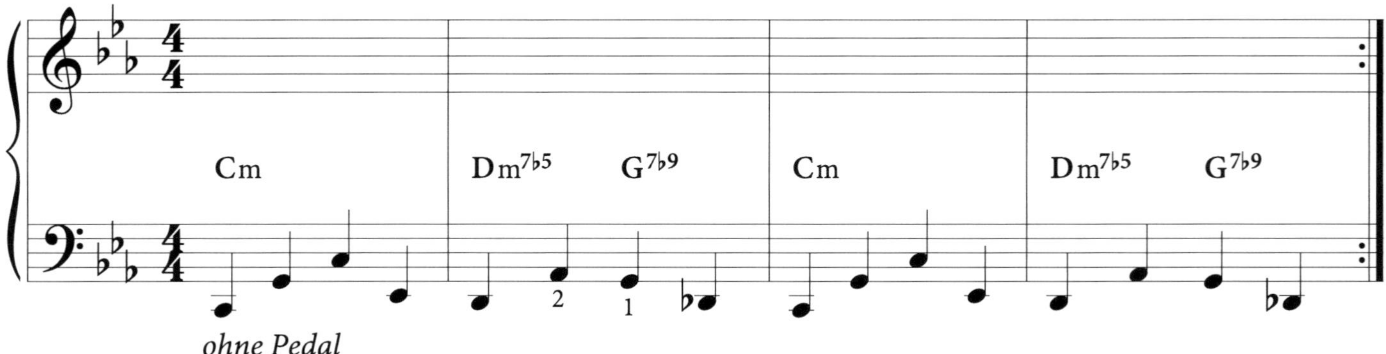

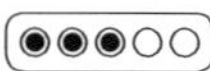

Les Yeux Noirs

Thomas Silvestri

medium/fast
ternär oder binär

A-Harmonisch-Moll-5 (= D-Harmonisch-Moll von a nach a)

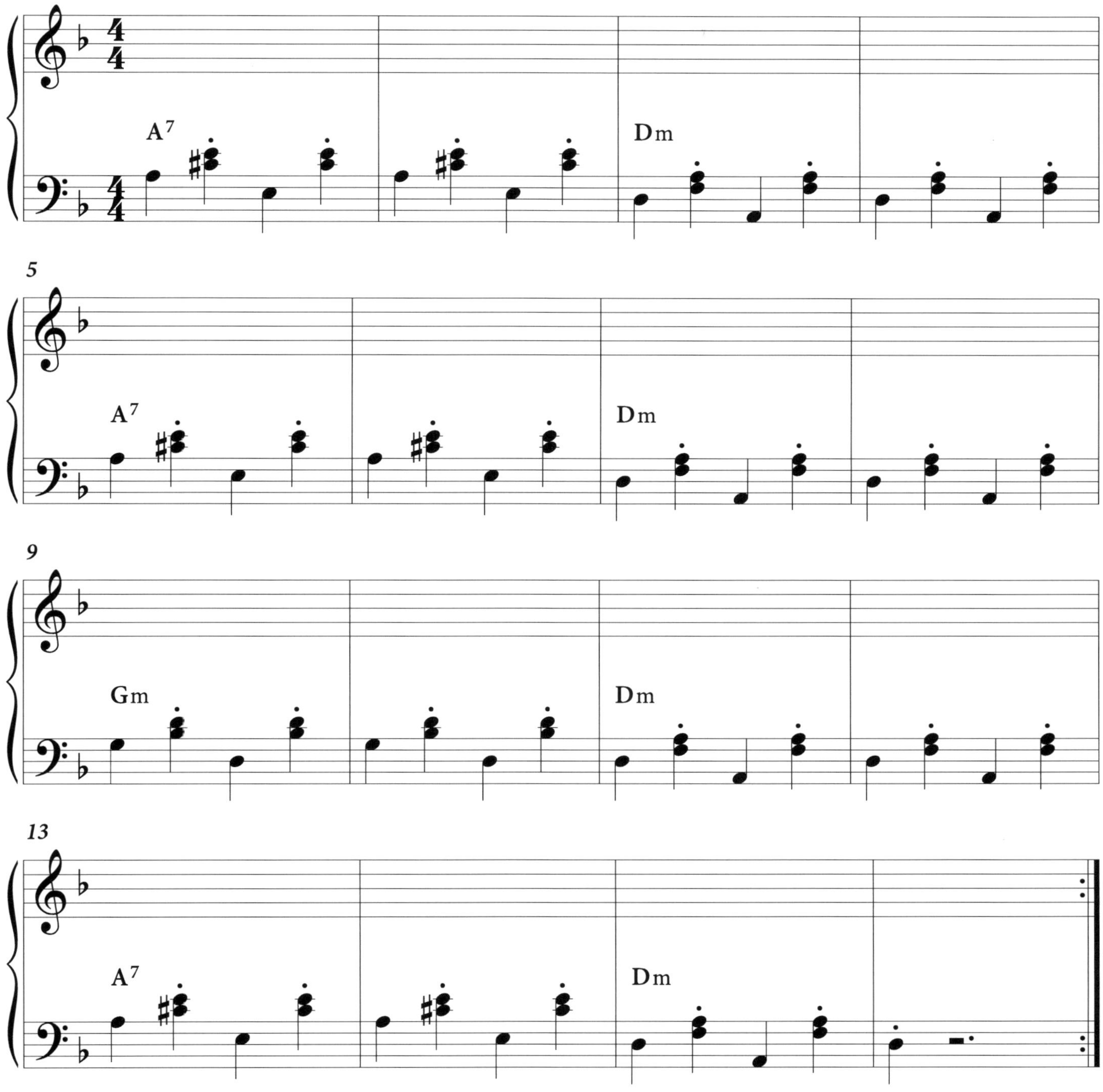

A7 Dm

5
A7 Dm

9
Gm Dm

13
A7 Dm

Alternative zu den Takten 5 – 6 und 13 – 14:

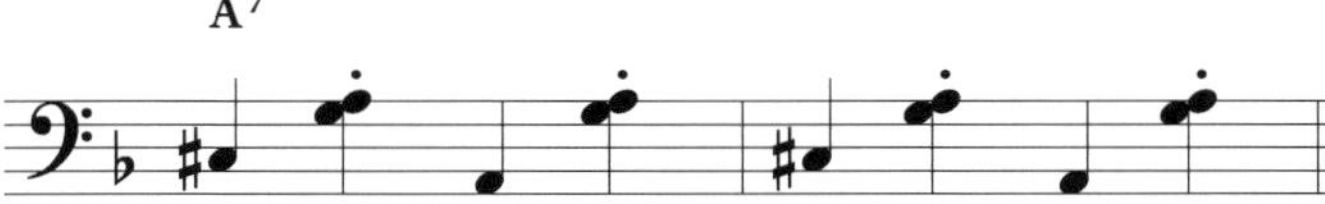

Malinconia

Thomas Silvestri

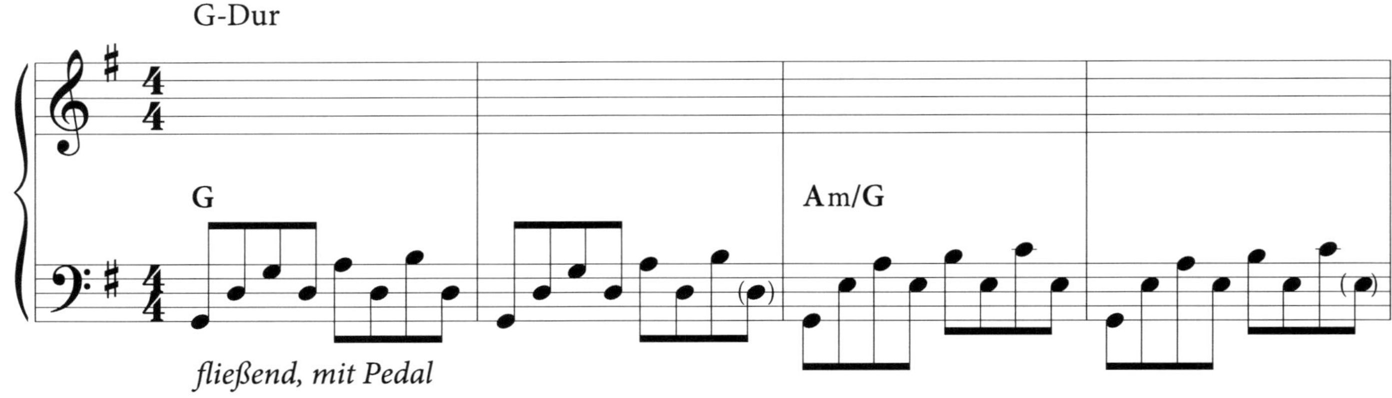

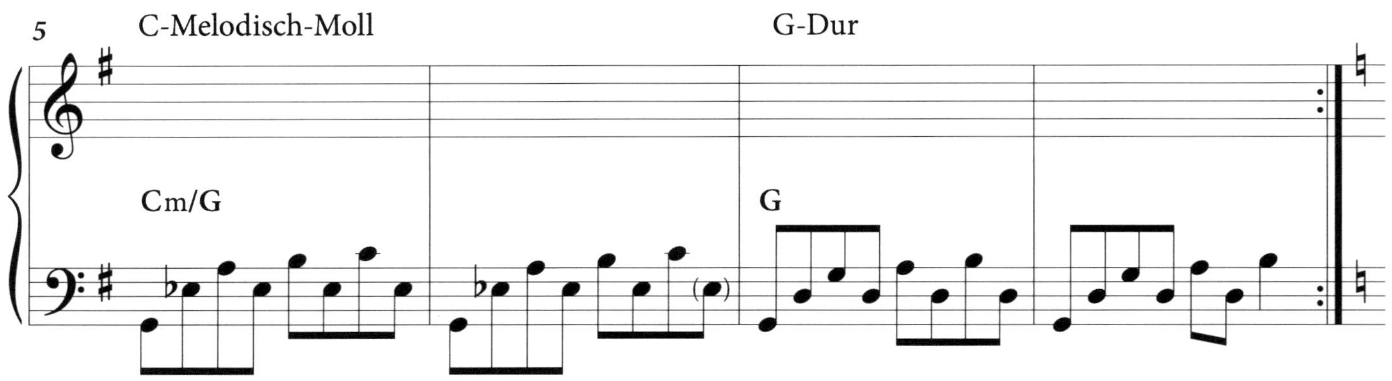

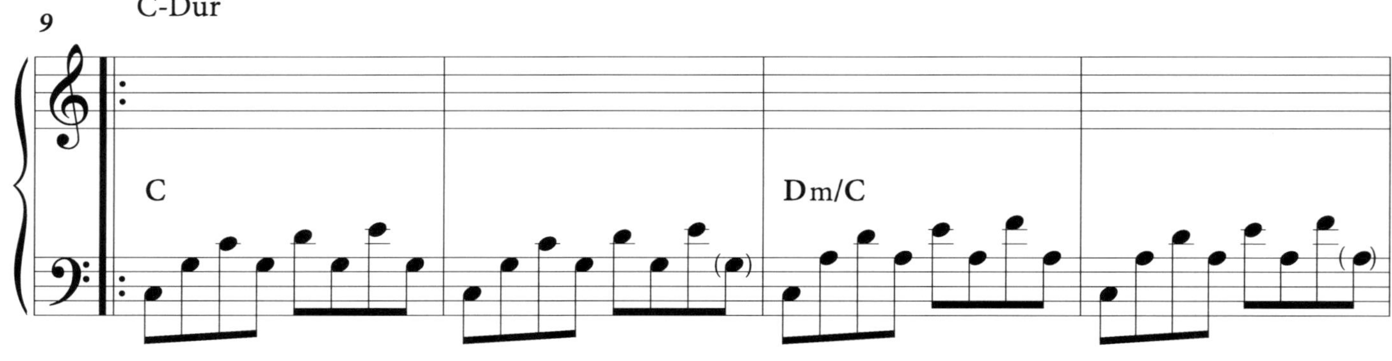

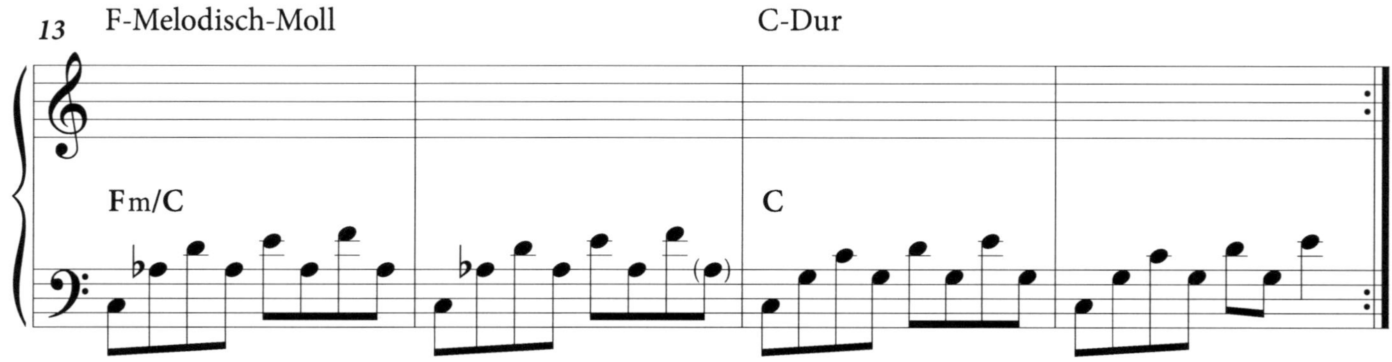

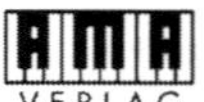

◉◉◉○○

Hot Summer

Thomas Silvestri

slow Swing ♫ = ♩♪ (triplet)

A-Bluestonleiter

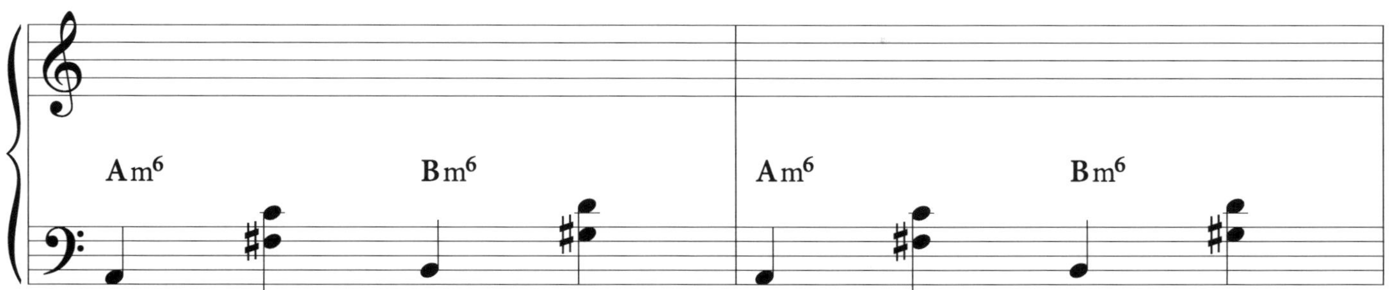

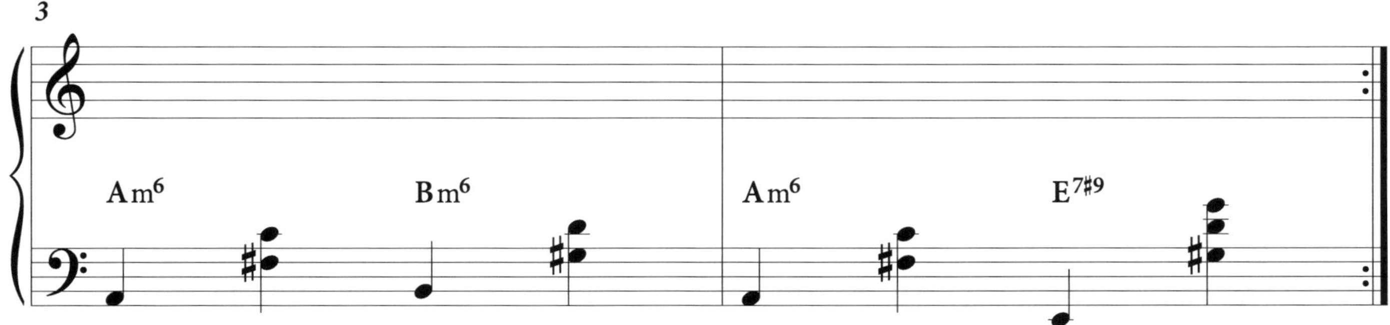

◉◉◉◉○

Alone

Thomas Silvestri

slow

G-Moll

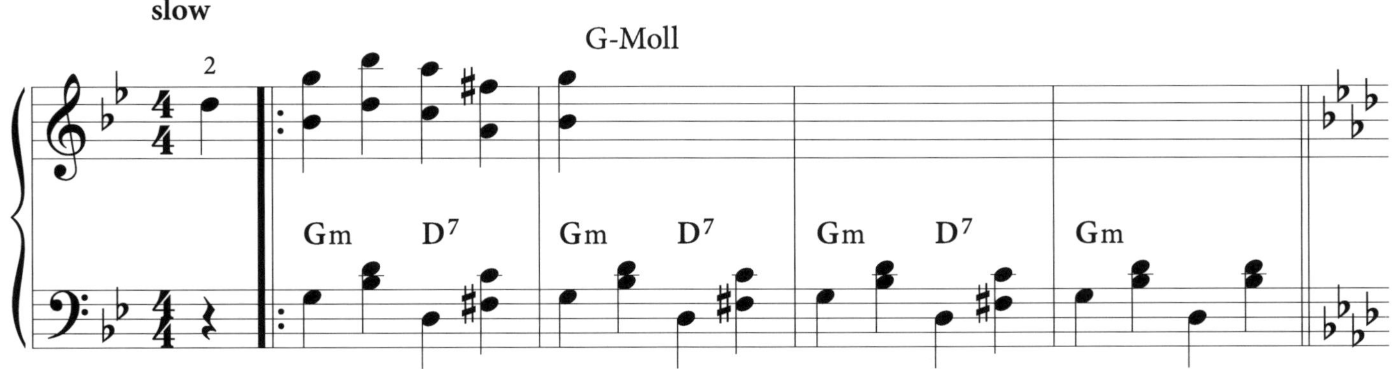

F-Moll

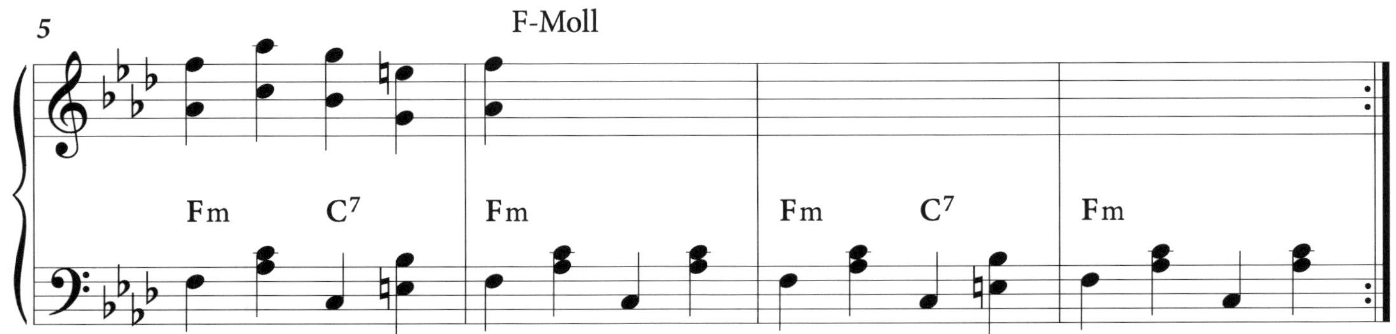

Mr. Zawinul

Thomas Silvestri

medium Swing ♫ = ♩ ♪ (triplet)

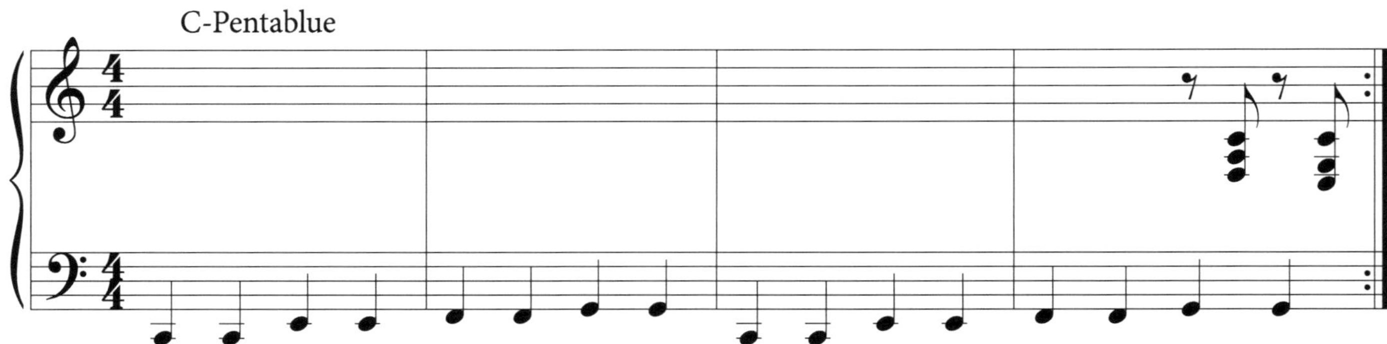

oder:

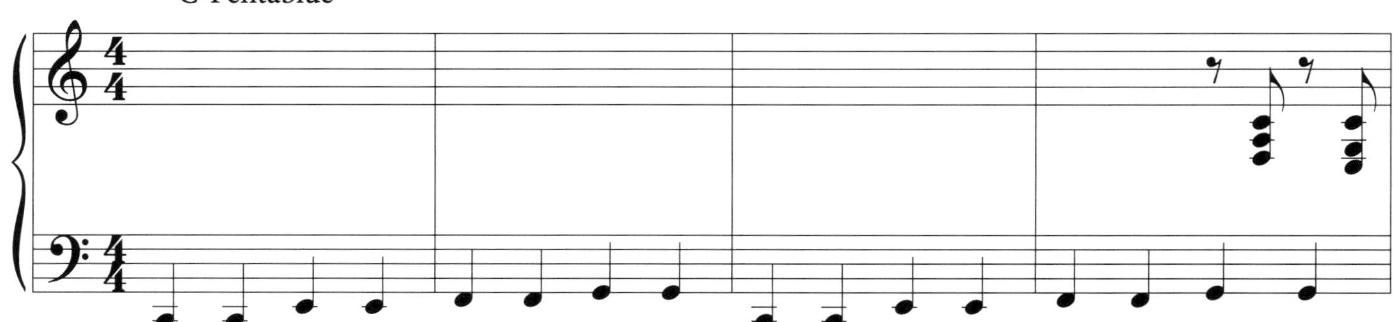

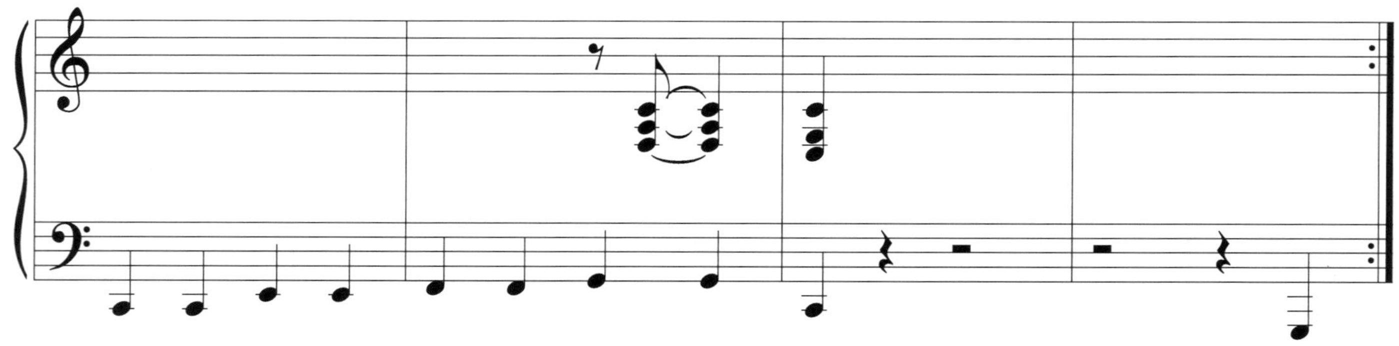

AMA VERLAG

Chôro

Thomas Silvestri

medium/fast Chôro

F-Harmonisch-Moll (bei **F**^{7} evtl. Ton a verwenden)

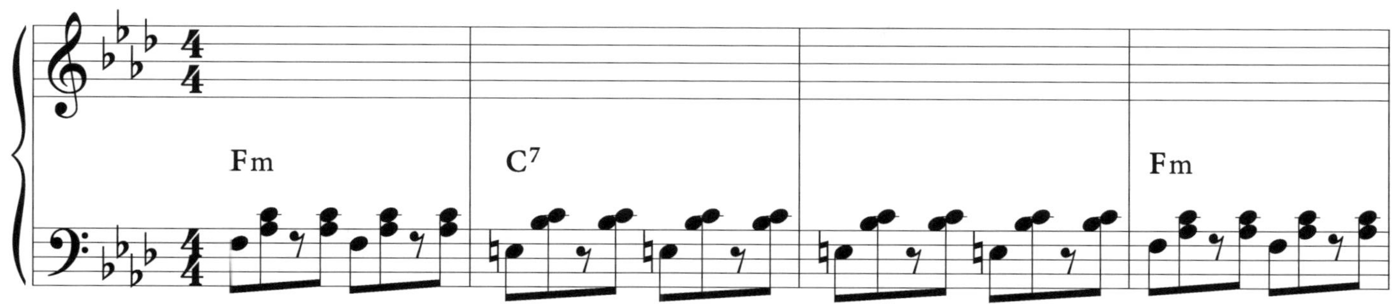

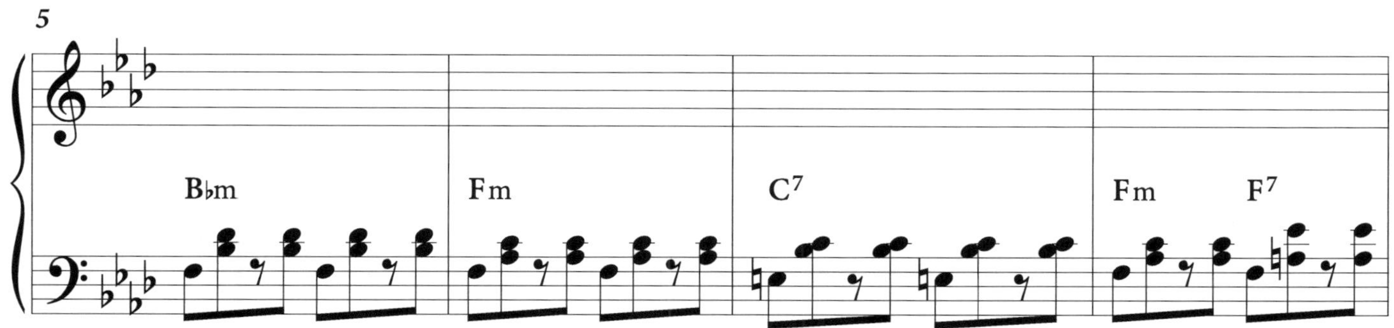

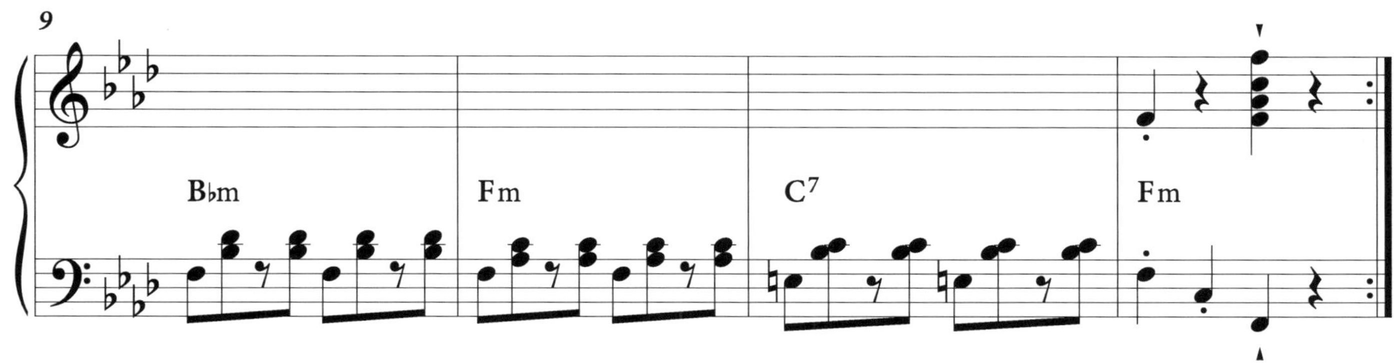

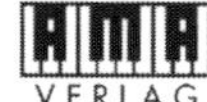

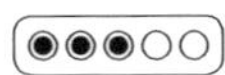

Chewing Gum

Thomas Silvestri

medium

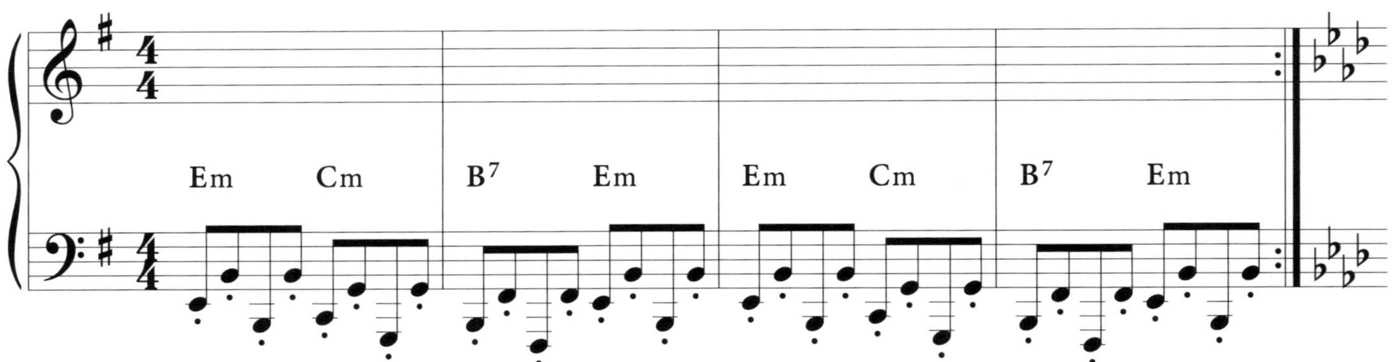

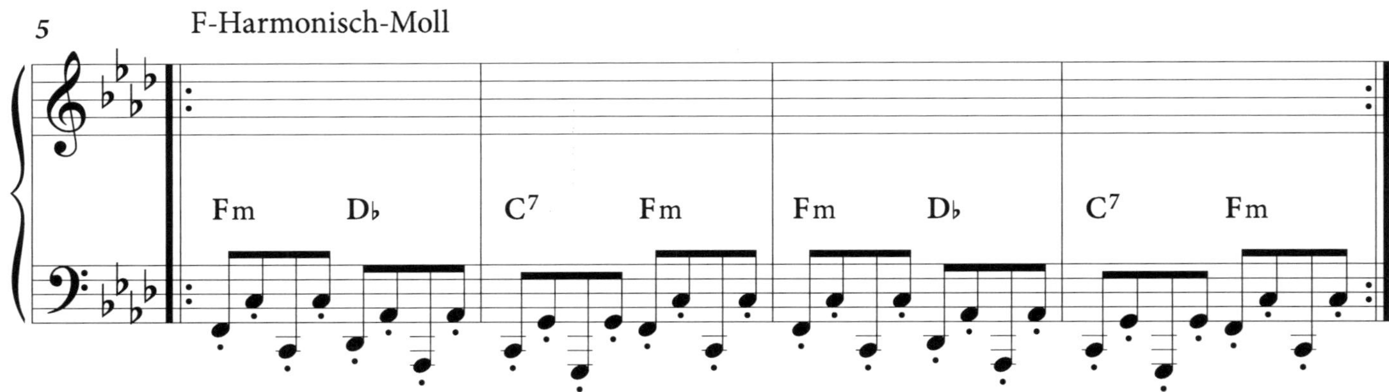

●●○○○

Blue Shoes

Thomas Silvestri

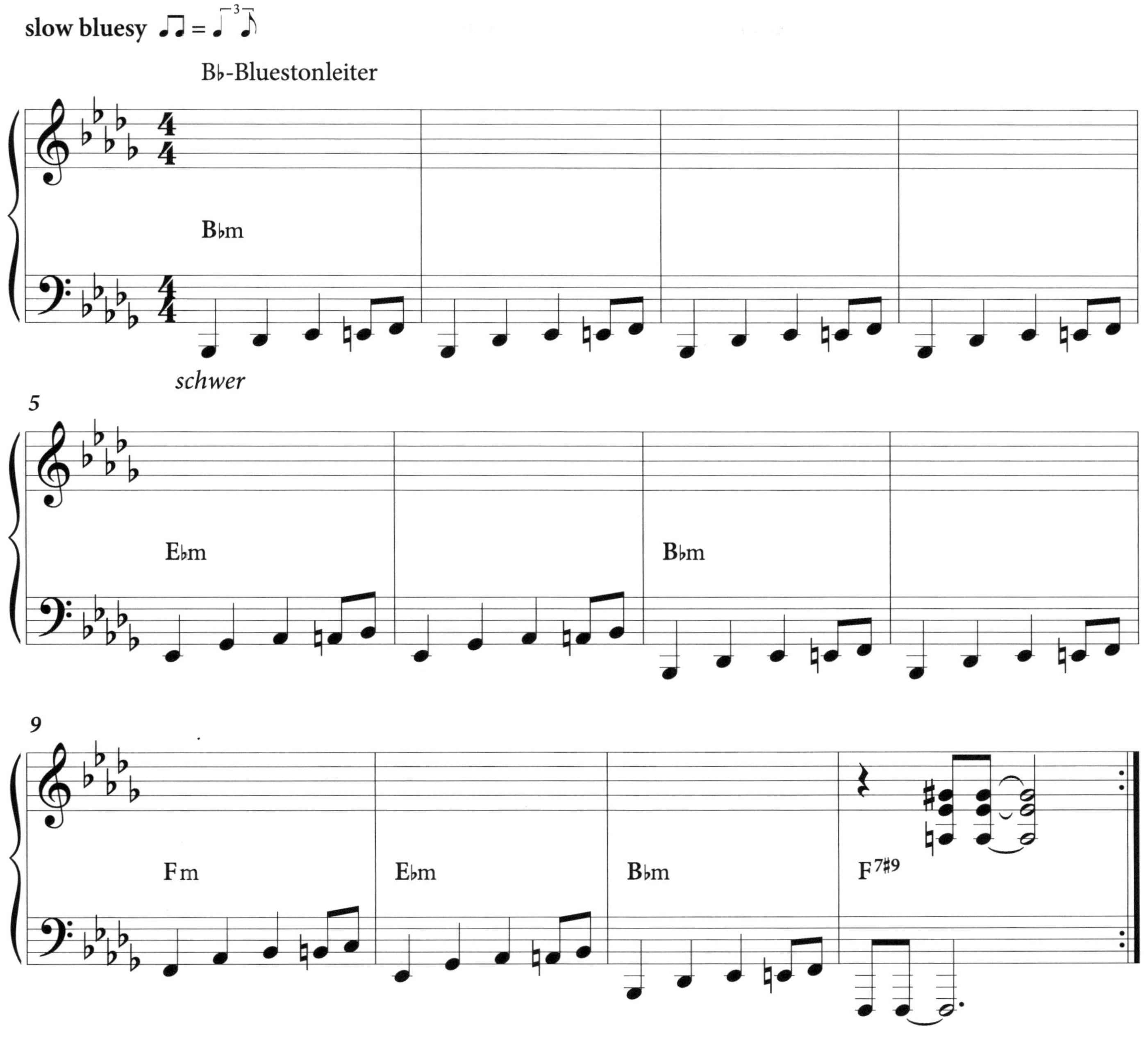

slow bluesy ♫ = ♩♪ (triplet)

B♭-Bluestonleiter

B♭m

schwer

5

E♭m

B♭m

9

Fm

E♭m

B♭m

F7♯9

Option:

bei E♭m: E♭-Bluestonleiter
bei Fm: F-Bluestonleiter

Hinweis: Es können auch nur die ersten vier Takte gespielt werden.

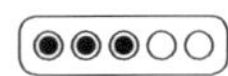

Living In New Orleans

Thomas Silvestri

medium straight 8ths

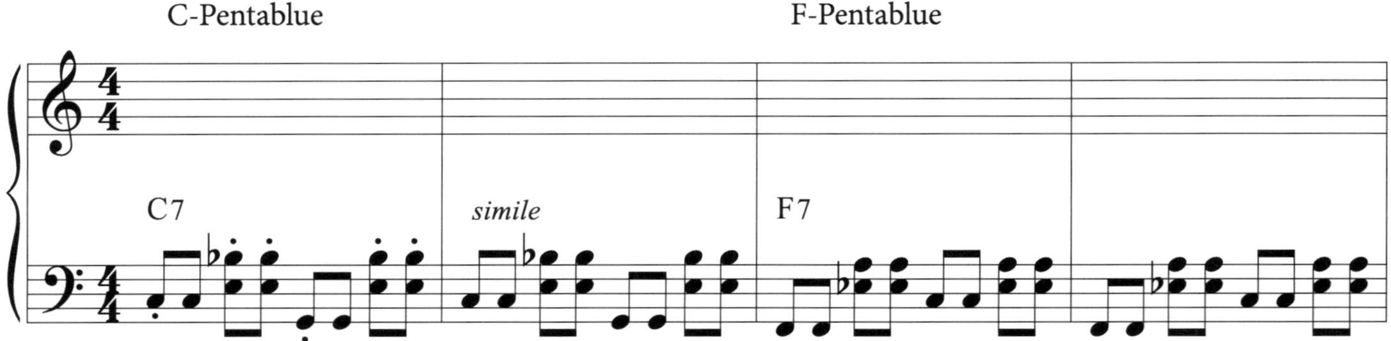

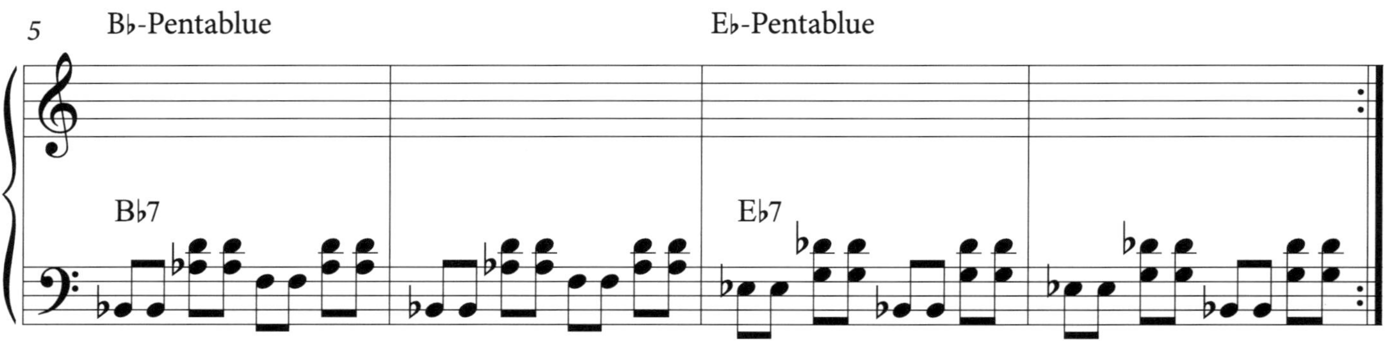

Option letzter Takt: 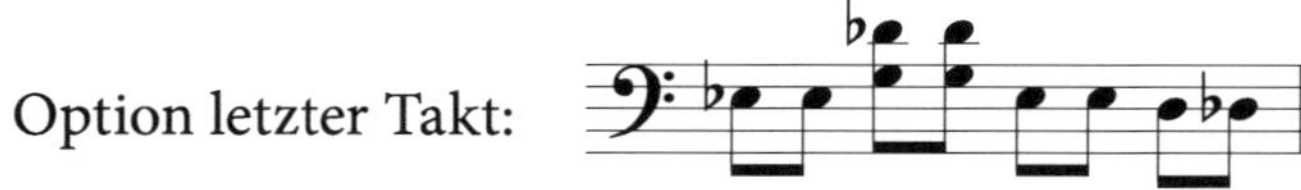

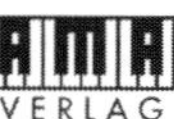

Your Way

Thomas Silvestri

medium Swing ♫ = $\overset{3}{♩ ♪}$

F-Dur | Akkordtöne anspielen | e♭ anstatt e (F-Mixolydisch) | f♯ anstatt f (D-Mixolydisch-♭13)

F | Fmaj7 | F7 | Dsus4 D7

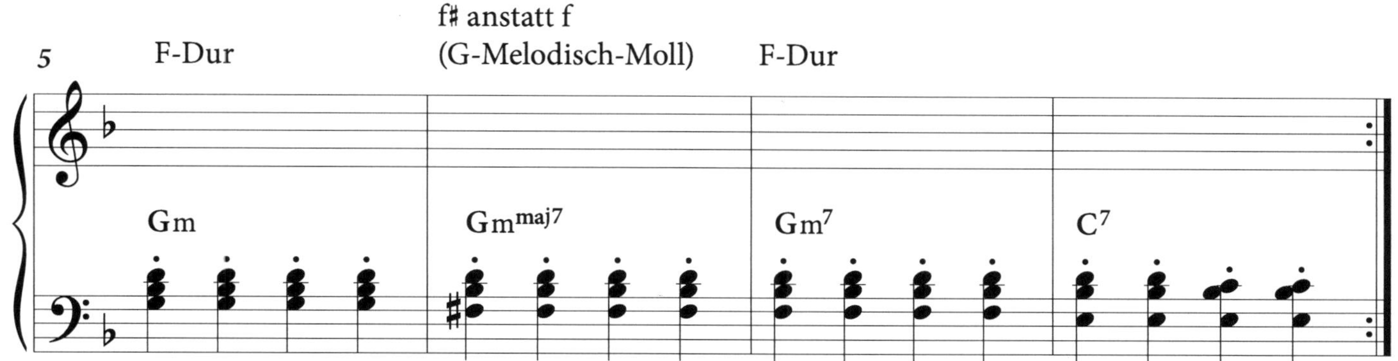

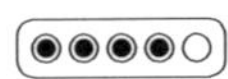

Over Land And Sea

Thomas Silvestri

Ballade

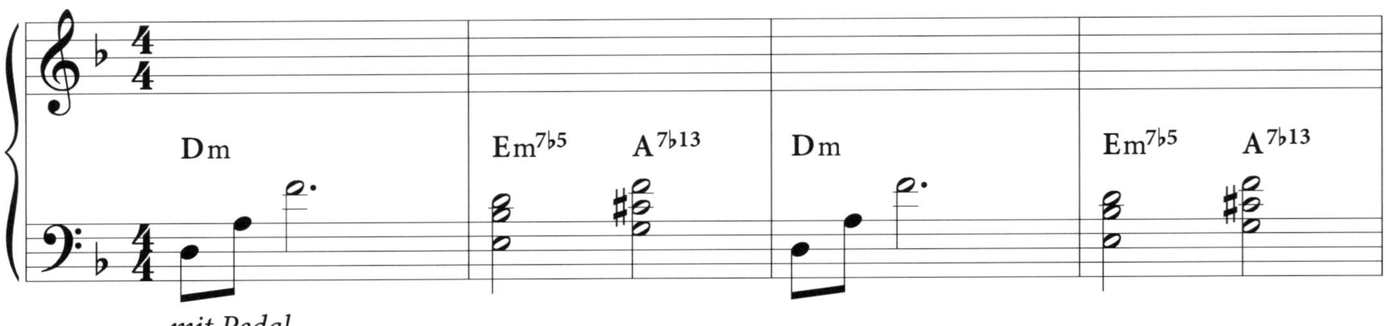

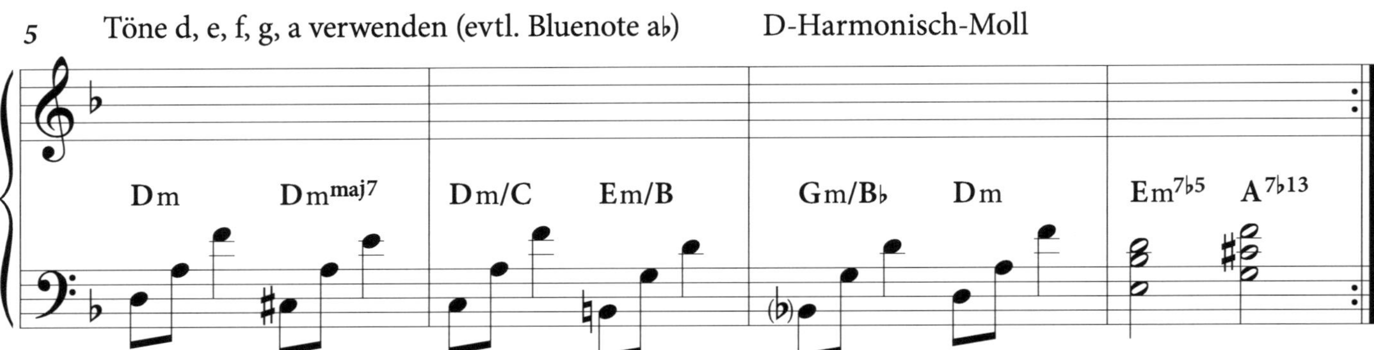

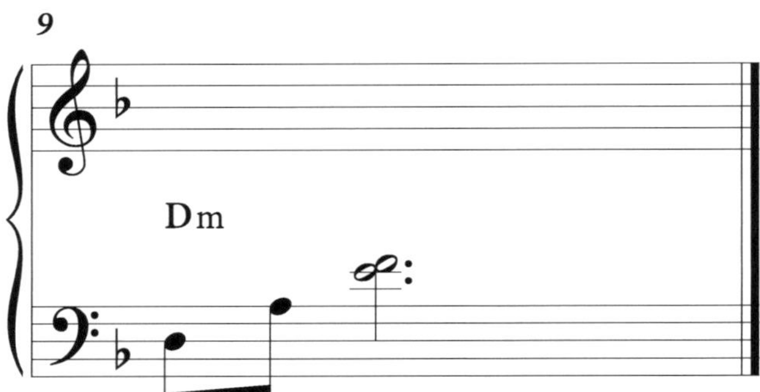

Alternative zu den Takten 1 & 3: 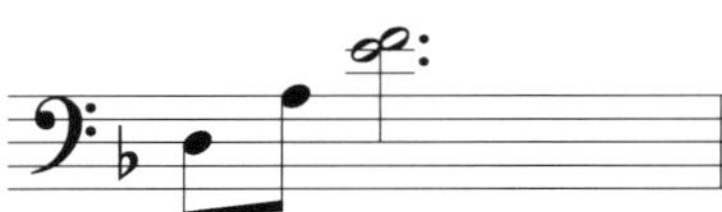

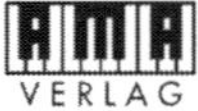

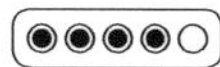

Joey

Thomas Silvestri

medium

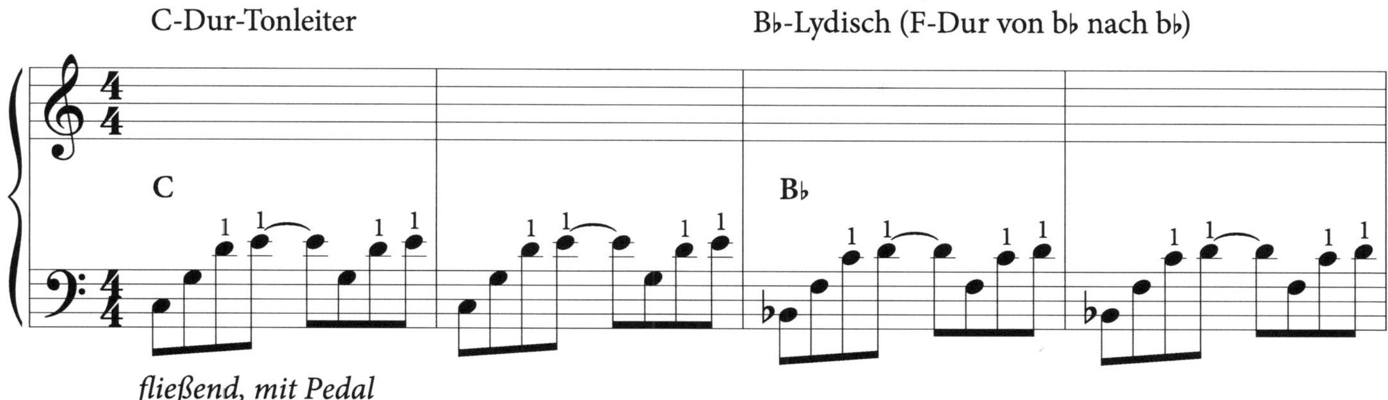

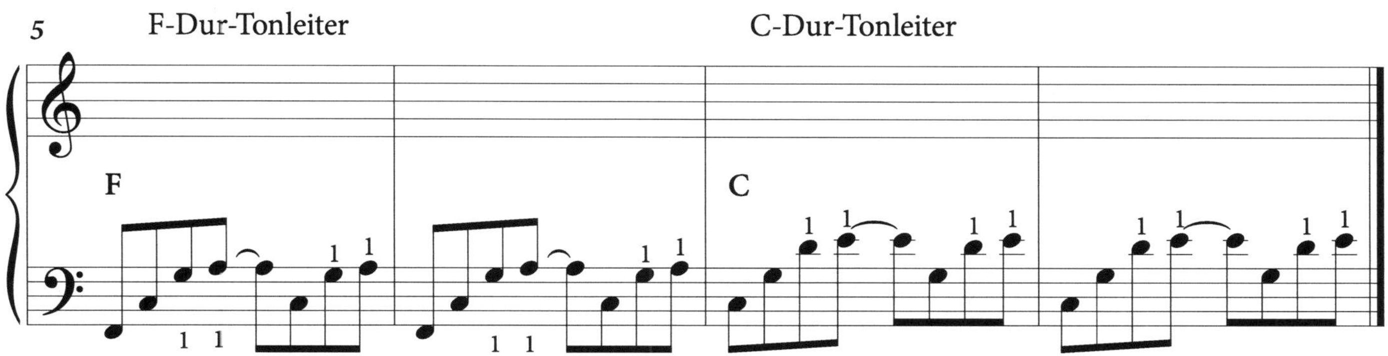

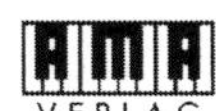

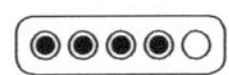

Dark Blue Moon

Thomas Silvestri

slow bluesy ♫ = ♩ ♪ (triplet)

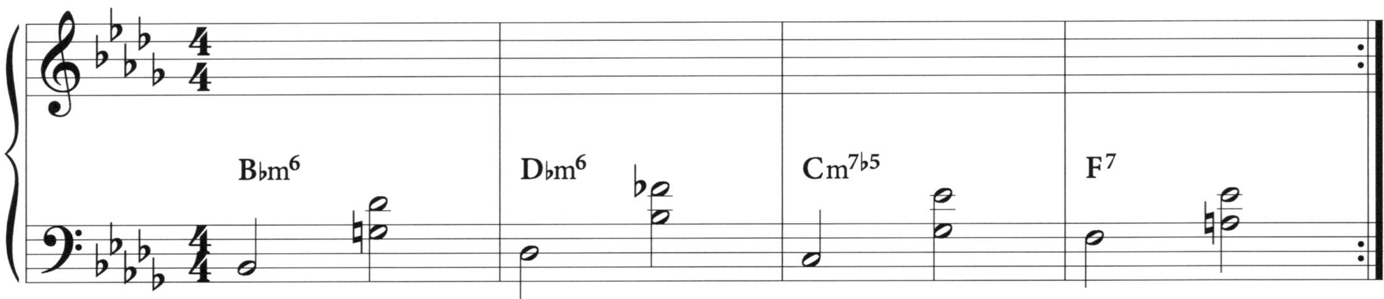

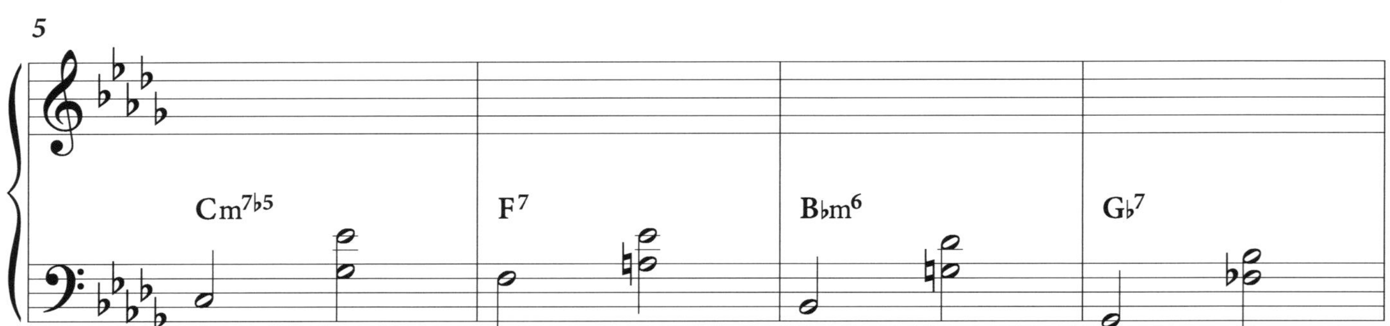

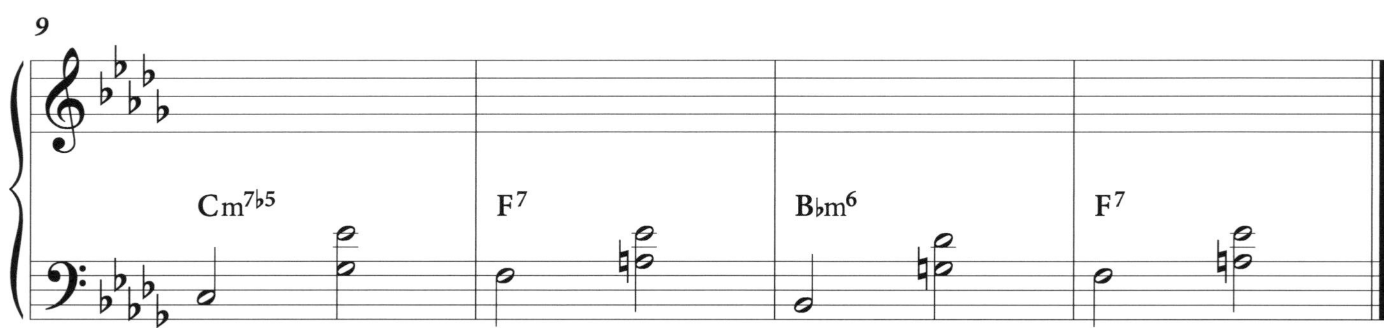

Teil 2

Funky!!

Thomas Silvestri

medium funky

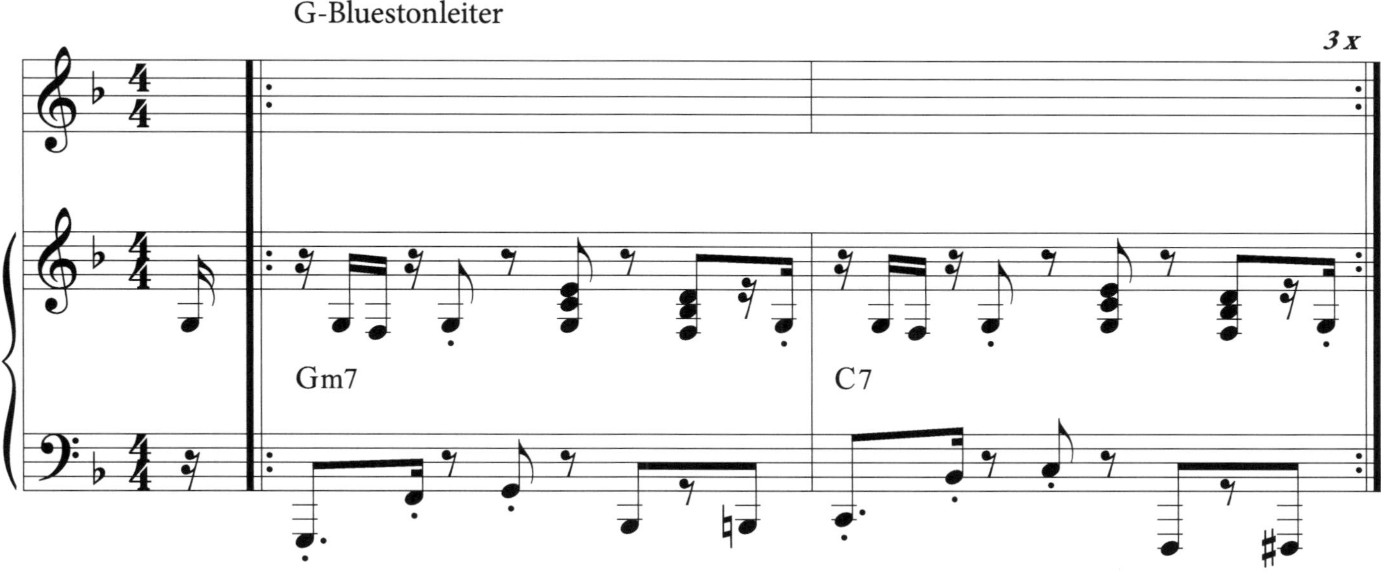

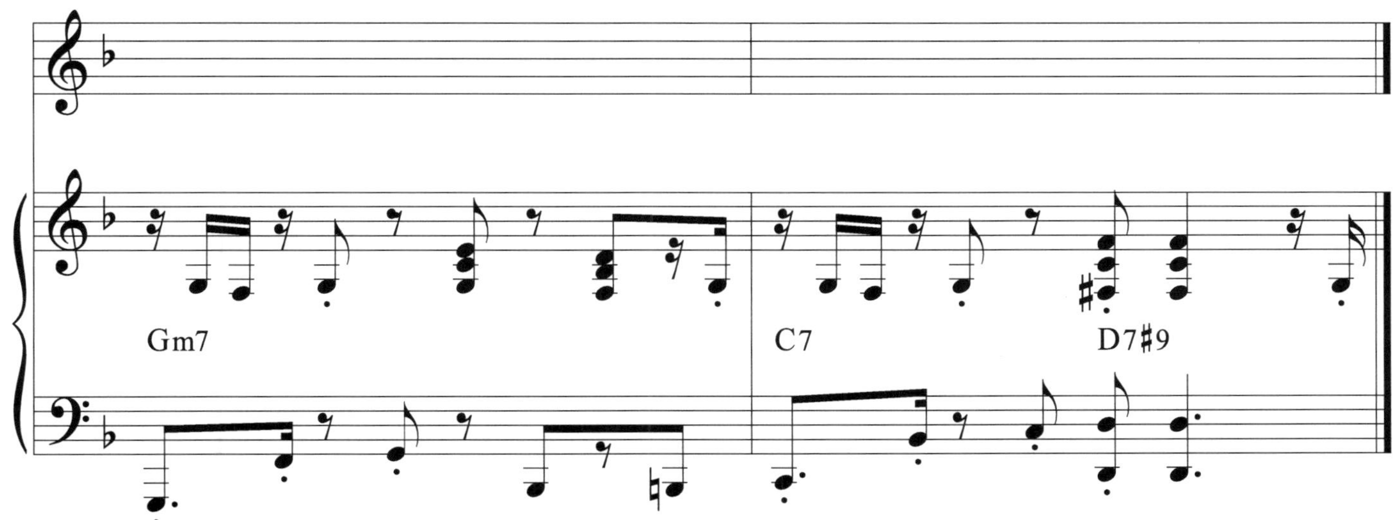

Es können auch die ersten zwei Takte immer wiederholt werden.

(●●○○○)

Dolphins

Thomas Silvestri

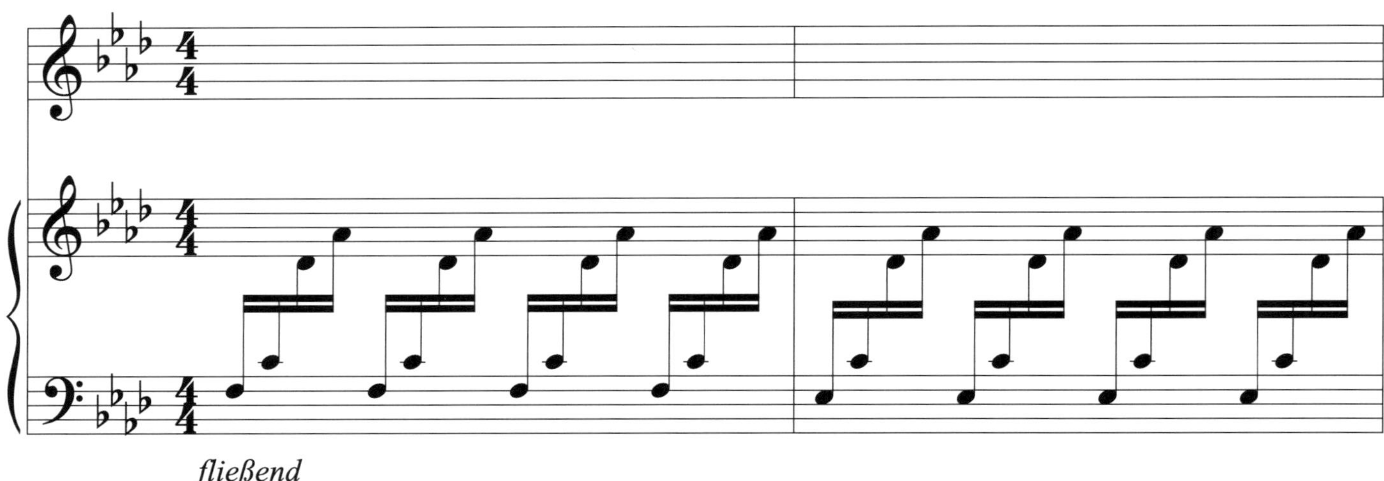

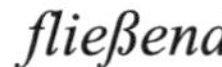

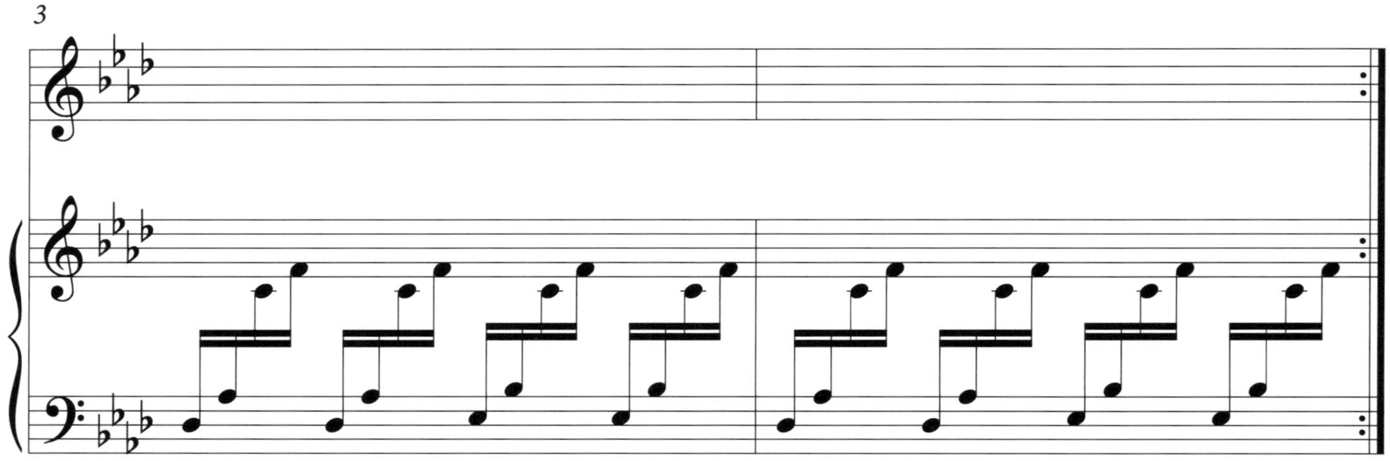

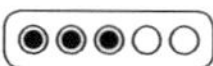

Major Bossa

Thomas Silvestri

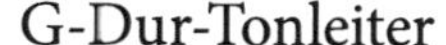

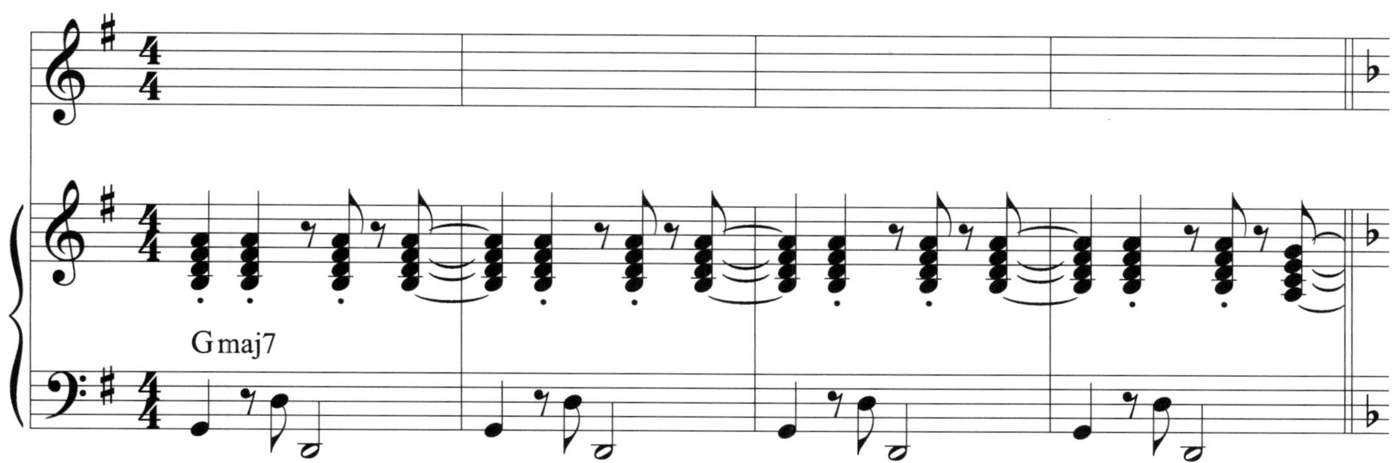

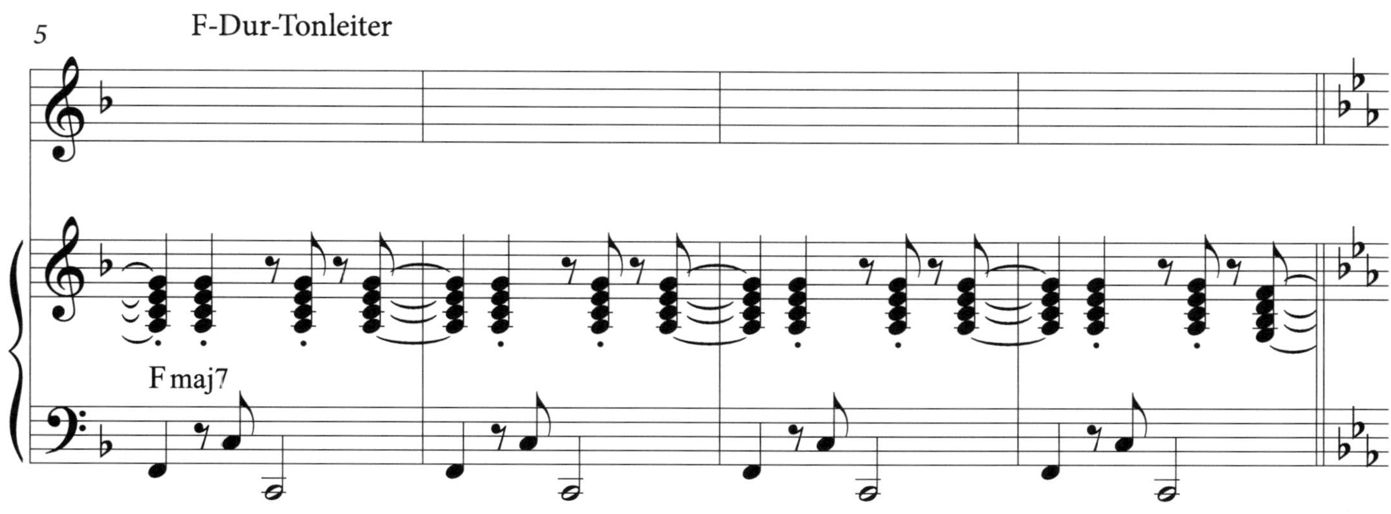

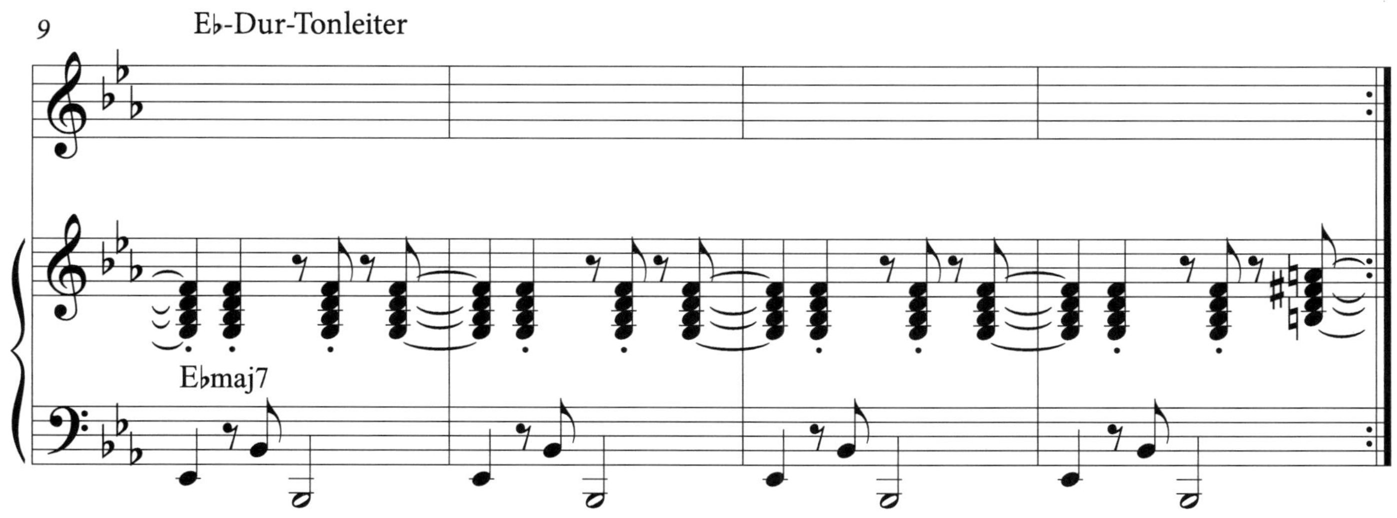

(●●●○○)

B.M.

Thomas Silvestri

medium Reggae ♫ = ♩♪ (triplet)

C-Bluestonleiter & Akkordtöne

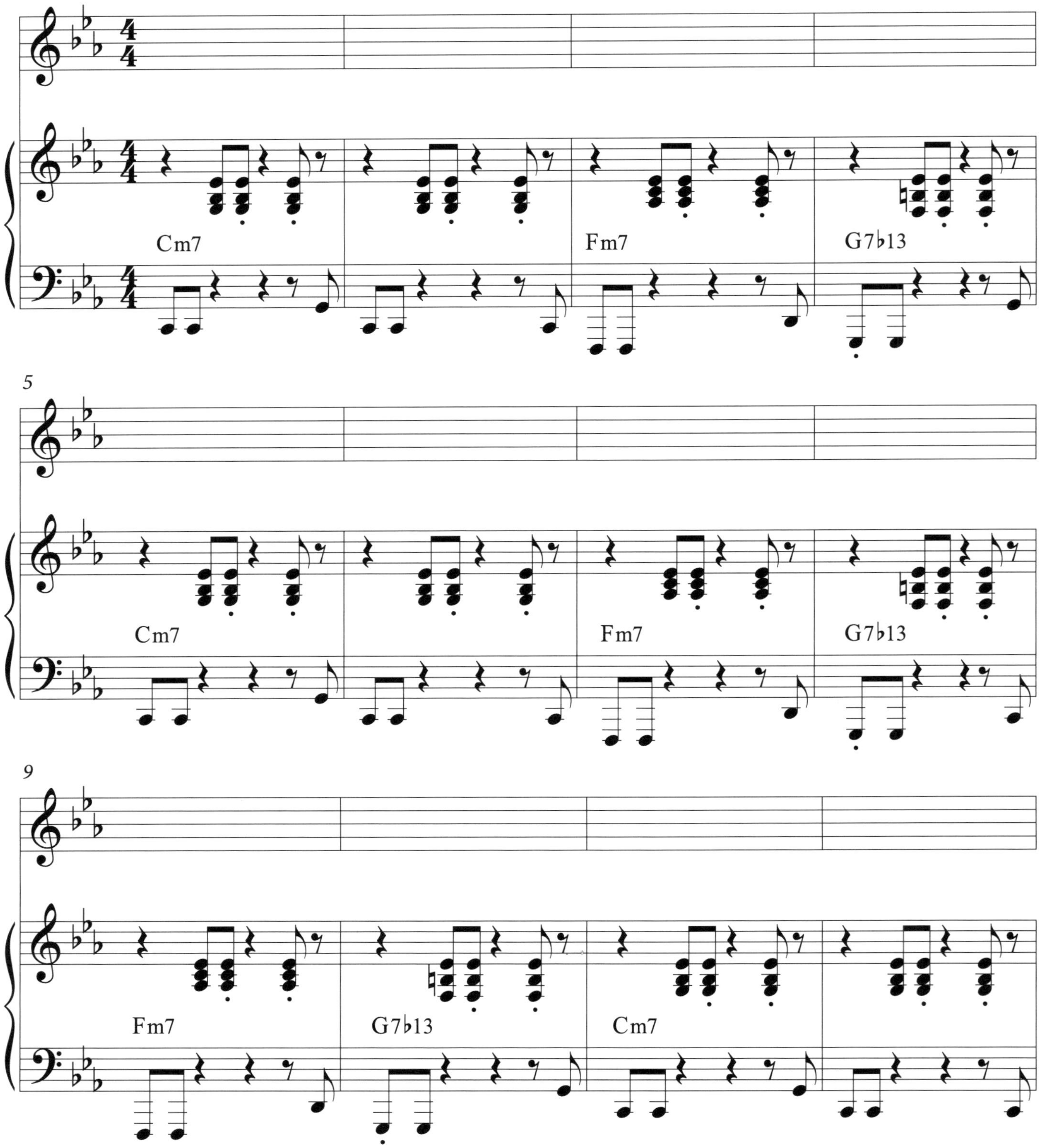

Cm7 | | Fm7 | G7♭13

5

Cm7 | | Fm7 | G7♭13

9

Fm7 | G7♭13 | Cm7 |

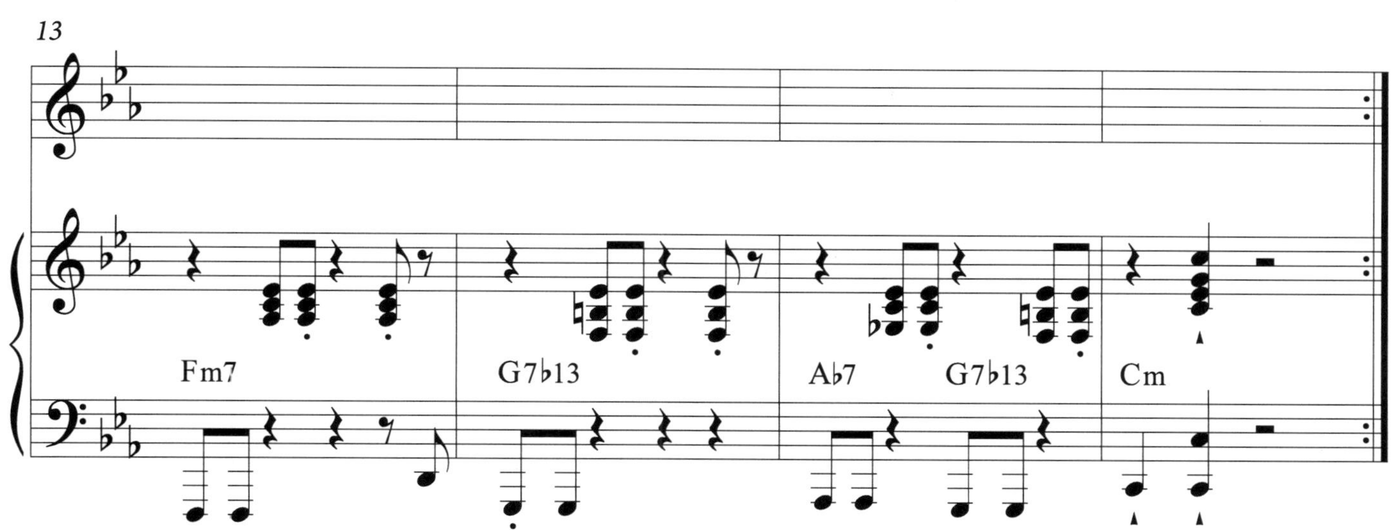

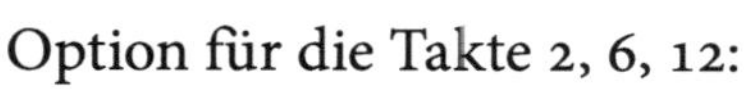
Option für die Takte 2, 6, 12:

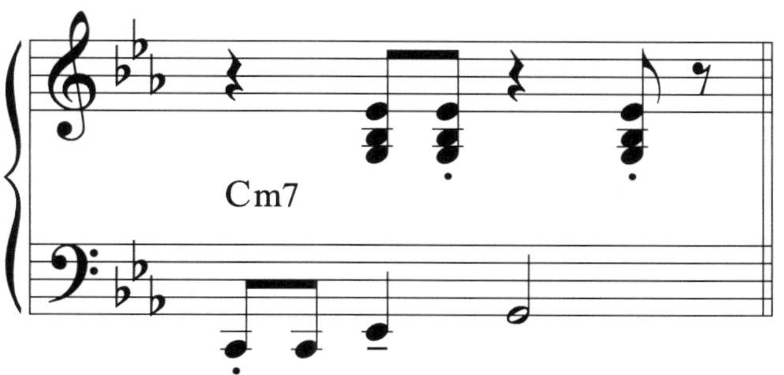

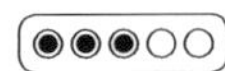

Living In New Orleans

Thomas Silvestri

medium straight 8ths

C-Pentablue (A-Blues)
sowie Pentablue- & Bluestonleiter-Mix

F Pentablue (D-Blues)
sowie Pentablue- & Bluestonleiter-Mix

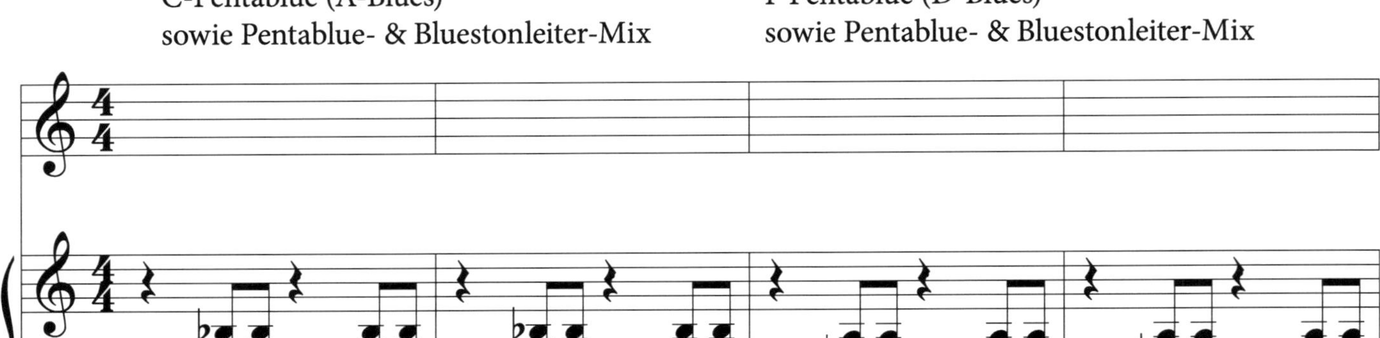

B♭-Pentablue (G-Blues)
sowie Pentablue- & Bluestonleiter-Mix

E♭-Pentablue (C-Blues)
sowie Pentablue- & Bluestonleiter-Mix

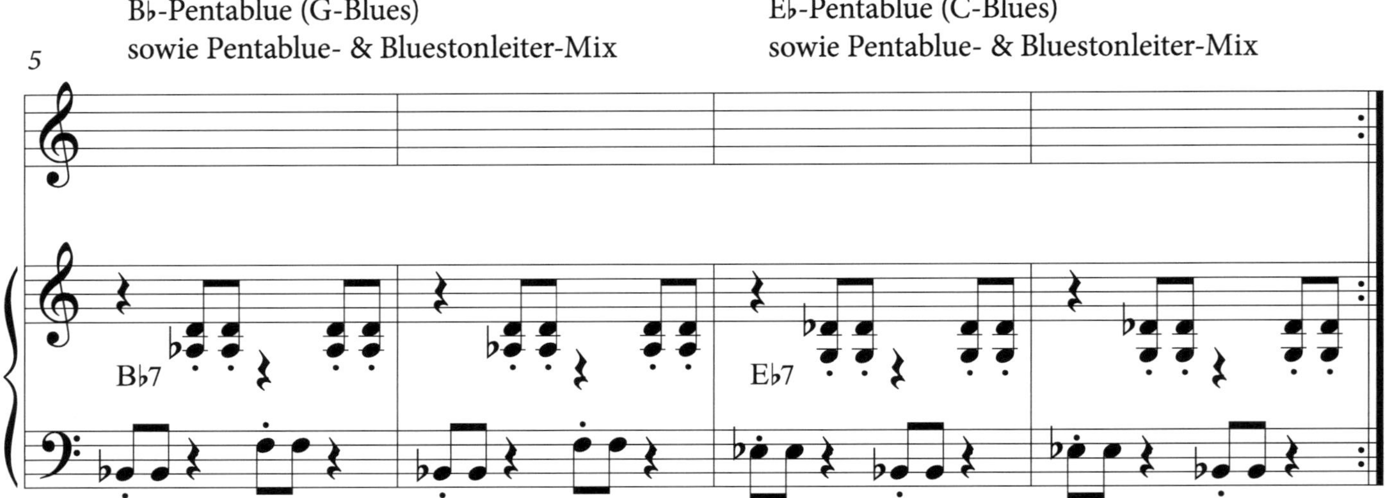

Hinweis: Es kann auch immer nur ein Akkord (z. B. C^7) gespielt werden.

Teil 3

Tonleitern in C

C-Dur-Pentatonik

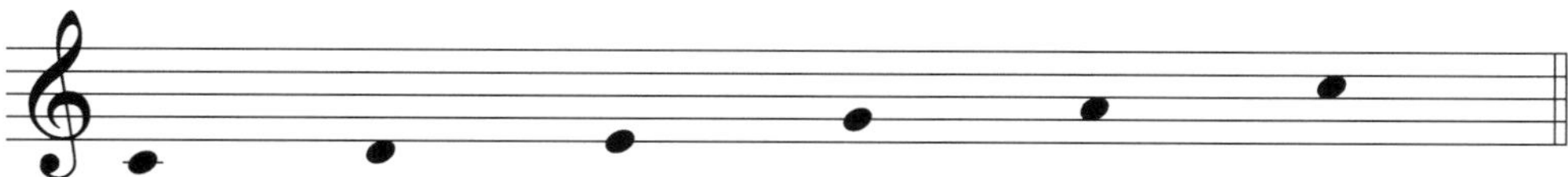

C-Pentablue-Tonleiter (C-Pentablue)

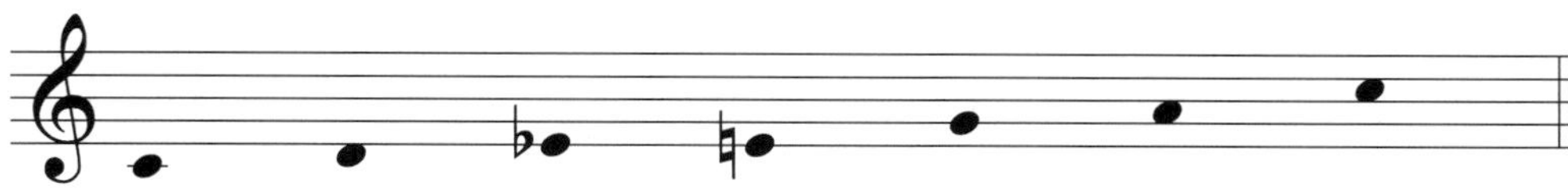

C-Bluestonleiter

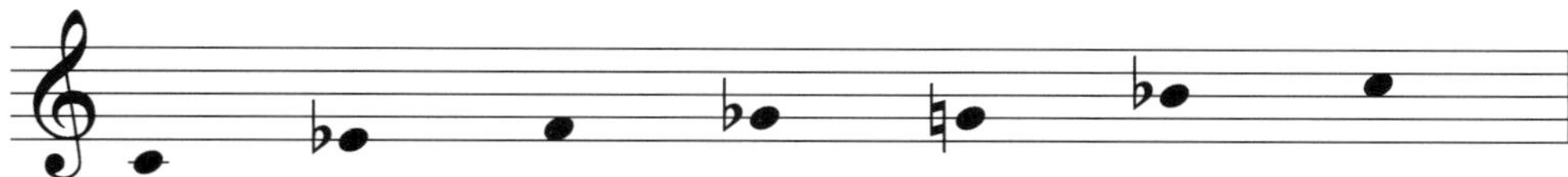

C-Dur

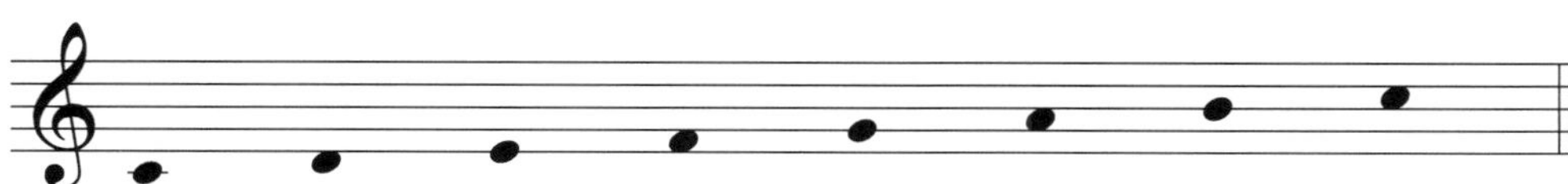

C-Natürlich-Moll

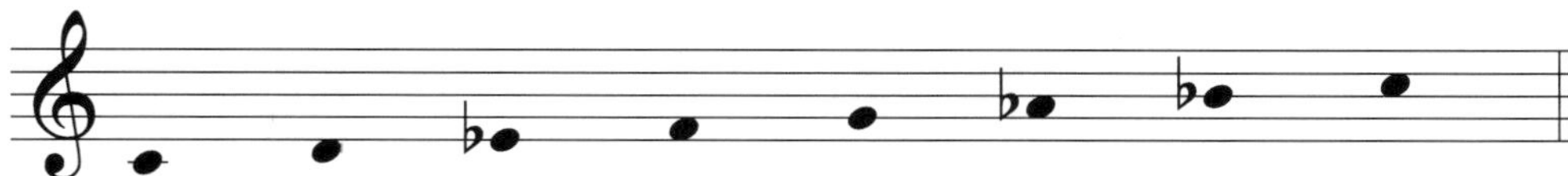

C-Harmonisch-Moll

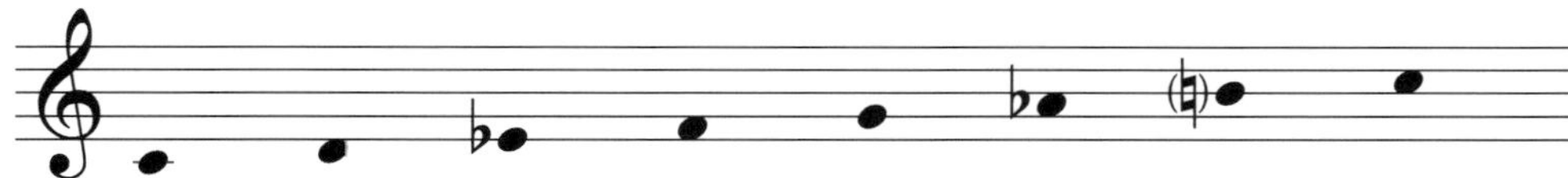

C-HM5 (= F-Harmonisch-Moll von c nach c)

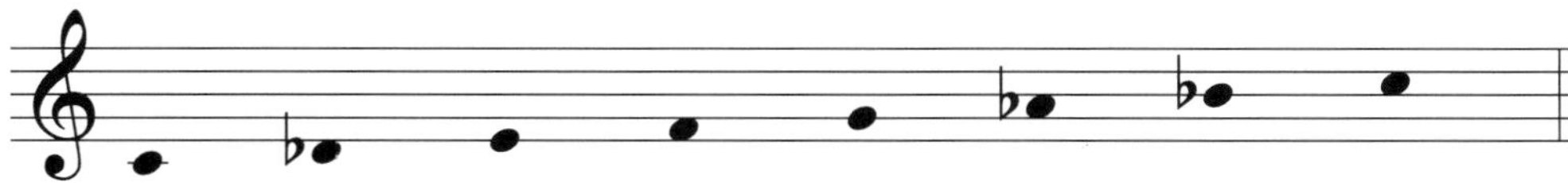

C-Lydisch

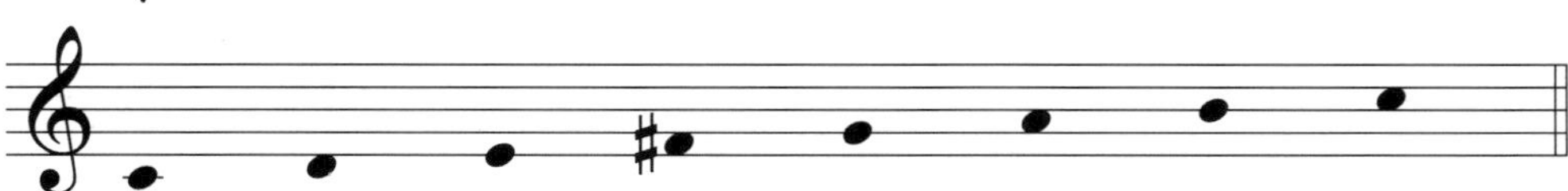

Tonleitern im Heft

D-Dur-Pentatonik

G-Dur-Pentatonik

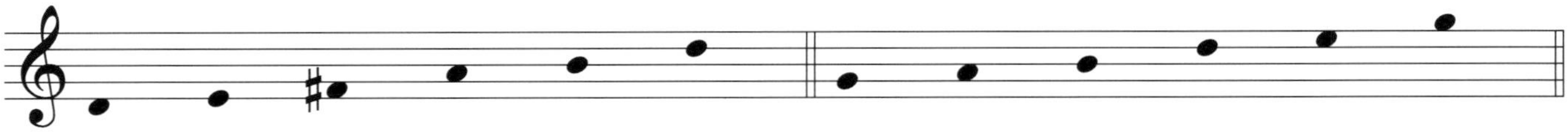

C-Pentablue-Tonleiter (C-Pentablue)

F-Pentablue-Tonleiter (C-Pentablue)

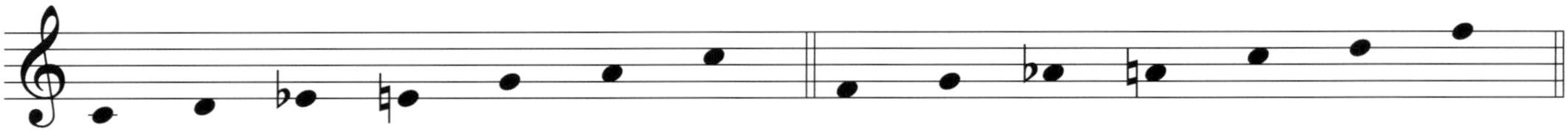

B♭-Pentablue-Tonleiter (B♭-Pentablue)

E♭-Pentablue-Tonleiter (E -Pentablue)

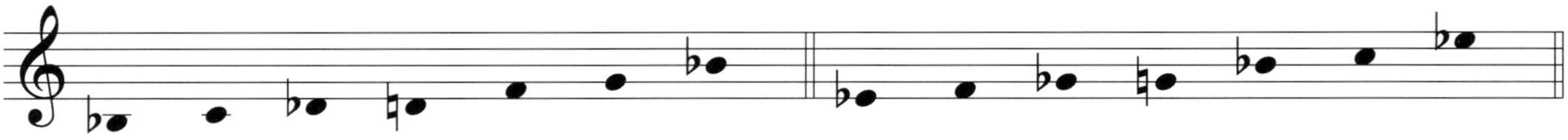

C-Bluestonleiter

G-Bluestonleiter

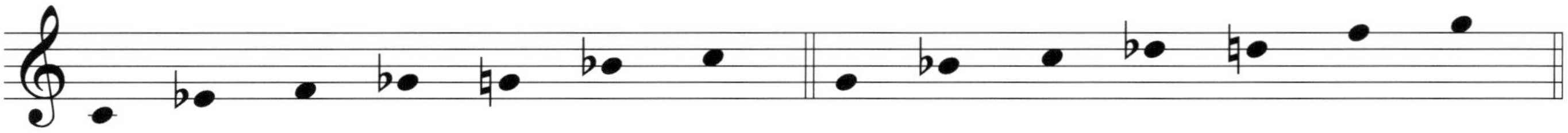

A-Bluestonleiter

D-Bluestonleiter

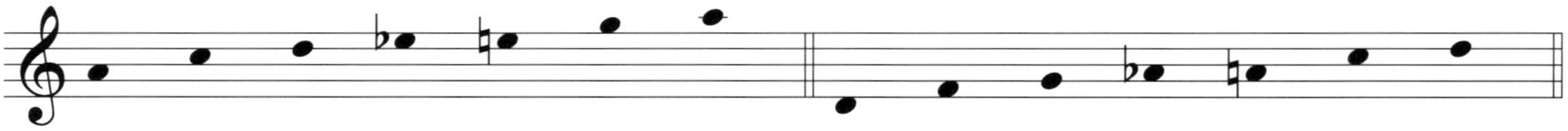

E-Bluestonleiter

F-Bluestonleiter

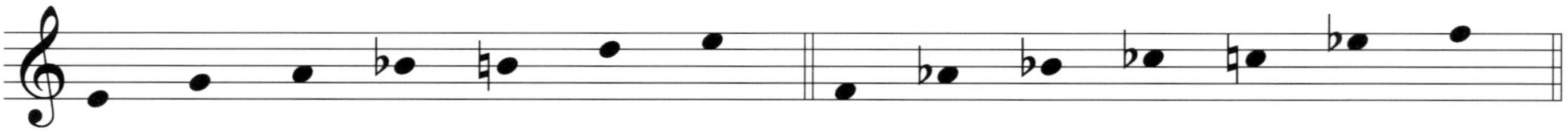

B♭-Bluestonleiter

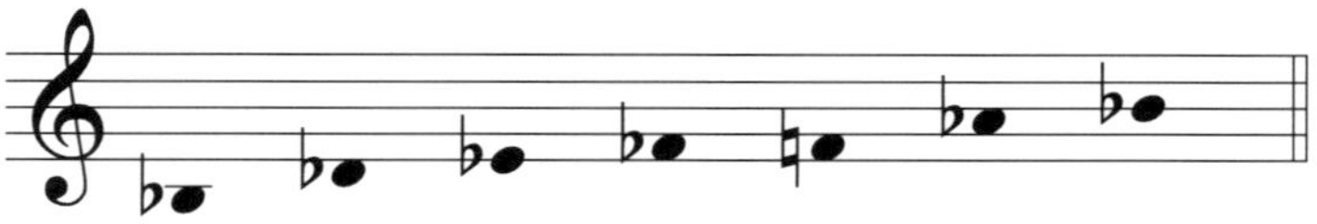

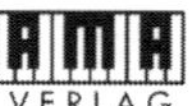

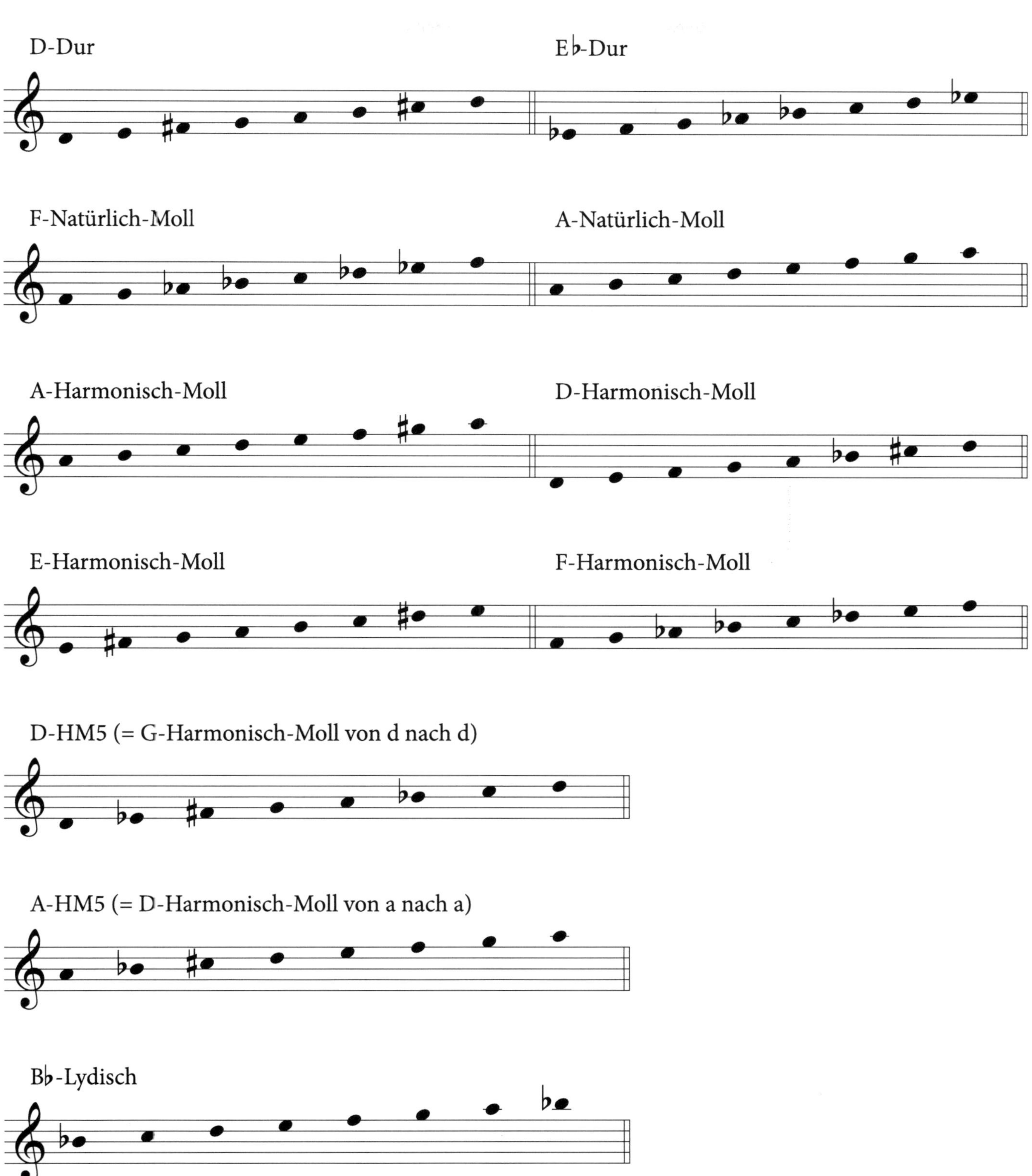
D-Dur
E♭-Dur
F-Natürlich-Moll
A-Natürlich-Moll
A-Harmonisch-Moll
D-Harmonisch-Moll
E-Harmonisch-Moll
F-Harmonisch-Moll
D-HM5 (= G-Harmonisch-Moll von d nach d)
A-HM5 (= D-Harmonisch-Moll von a nach a)
B♭-Lydisch

Bluestonleiter und Pentablue

C-Bluestonleiter

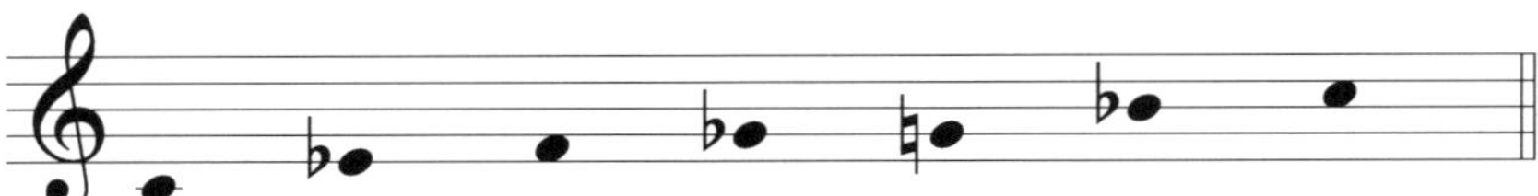

Anwendung:
- C-Blues sowie bluesige Stücke mit einfachem Harmonieschema in C-Dur oder C-Moll
- Akkordfolgen in C-Moll
- Die Bluestonleiter muss auf den Hauptstufen (I, IV, V) nicht geändert werden – d. h., die C-Bluestonleiter kann z. B. bei einem Blues in C auch über **F**^{7} und **G**^{7} gespielt werden.

C-Pentablue (C-Pentatonik mit Bluenote e♭)

Bei „Pentablue" handelt es sich um einen vom Autor entwickelten Begriff. Pentablue besteht aus der Durpentatonik plus der Bluenote ♭3.

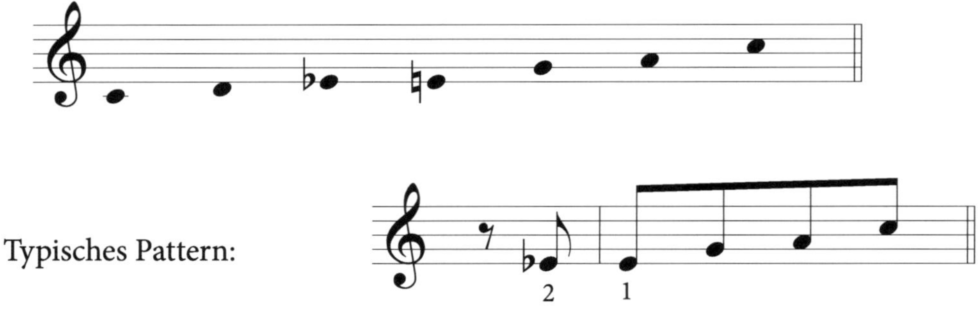

Anwendung:
- Auf den Akkorden: C, C^7, C^{maj7}, C^6
- II-V-I in C-Dur
- diatonische Akkordfolgen in C-Dur

Achtung: Die Pentablue-Tonleiter muss je nach Stufe oft gewechselt werden. D. h., bei einem Blues in C verwendet man über **F**^{7} F-Pentablue, über **G**^{7} G-Pentablue als Improvisationsmaterial.

Hinweis: C-Pentablue entspricht der A-Bluestonleiter von c nach c.

Oft wird der Leitton g♯ hinzugefügt. Dies eignet sich sehr gut für aufsteigende Läufe sowie als Verbindung zwischen a und g. Der Ton g♯ kann jedoch nicht als Zielton verwendet werden!

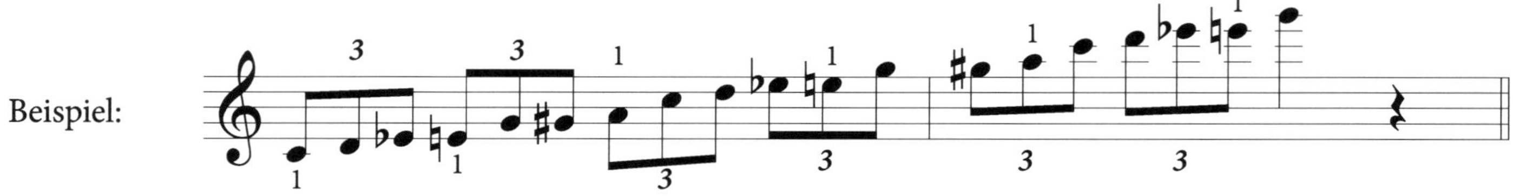

Patterns üben

Patterns sind kleine Phrasen, die als Bausteine in einer Improvisation verwendet werden können. Die meisten großen Improvisatoren haben Patterns geübt. Man erhält dadurch ein Repertiore an gut klingenden Phrasen sowie das Gefühl für eine Tonleiter. Selbstverständlich können und sollen Patterns auch modifiziert werden.

Transponier deine Lieblings-Patterns in mehrere Tonarten. Üb sie anschließend, damit sie dir als Improvisationsbausteine auch in anderen Tonarten zur Verfügung stehen.

Komponier auch eigene Patterns und leg sie dir zurecht. Das hilft dir auf dem Weg zu einem individuellen Improvisationsstil.

Sobald du die gewählten Patterns einigermaßen spielen kannst, übe sie über einen Vamp.

Zwei einfache Vamps, um C-Bluestonleiter-Patterns (S. 46) zu üben:

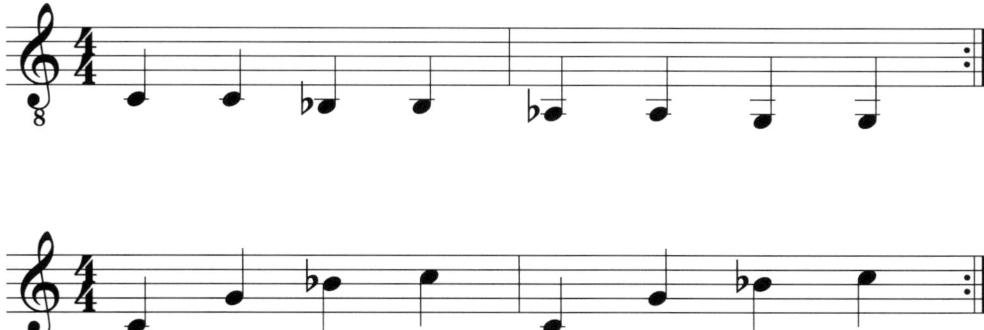

Für Bluestonleiter-Patterns in G (S. 47), muss der Vamp nach G transponiert werden.

Zwei einfache Vamps, um C-Pentablue-Patterns (S. 50) sowie Patterns, die aus dem Mix Pentablue und Bluestonleiter bestehen, zu üben:

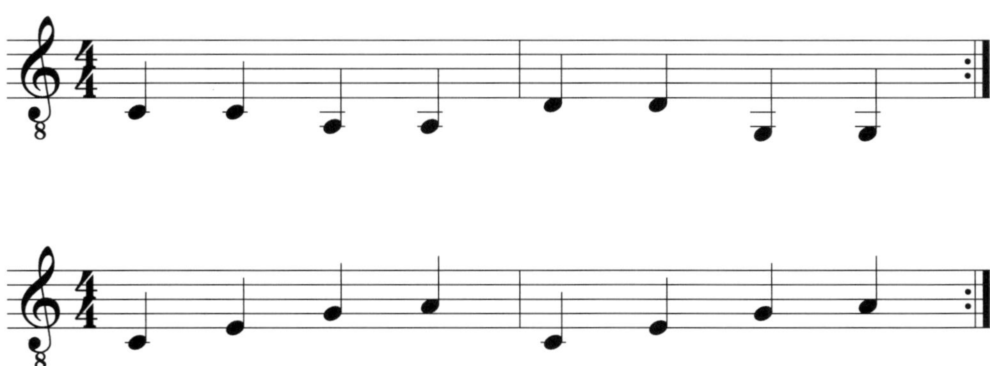

Für Pentablue-/Bluestonleiter-Mix-Patterns in F (S. 51) muss der Vamp nach F transponiert werden.

C-Bluestonleiter-Patterns

Thomas Silvestri

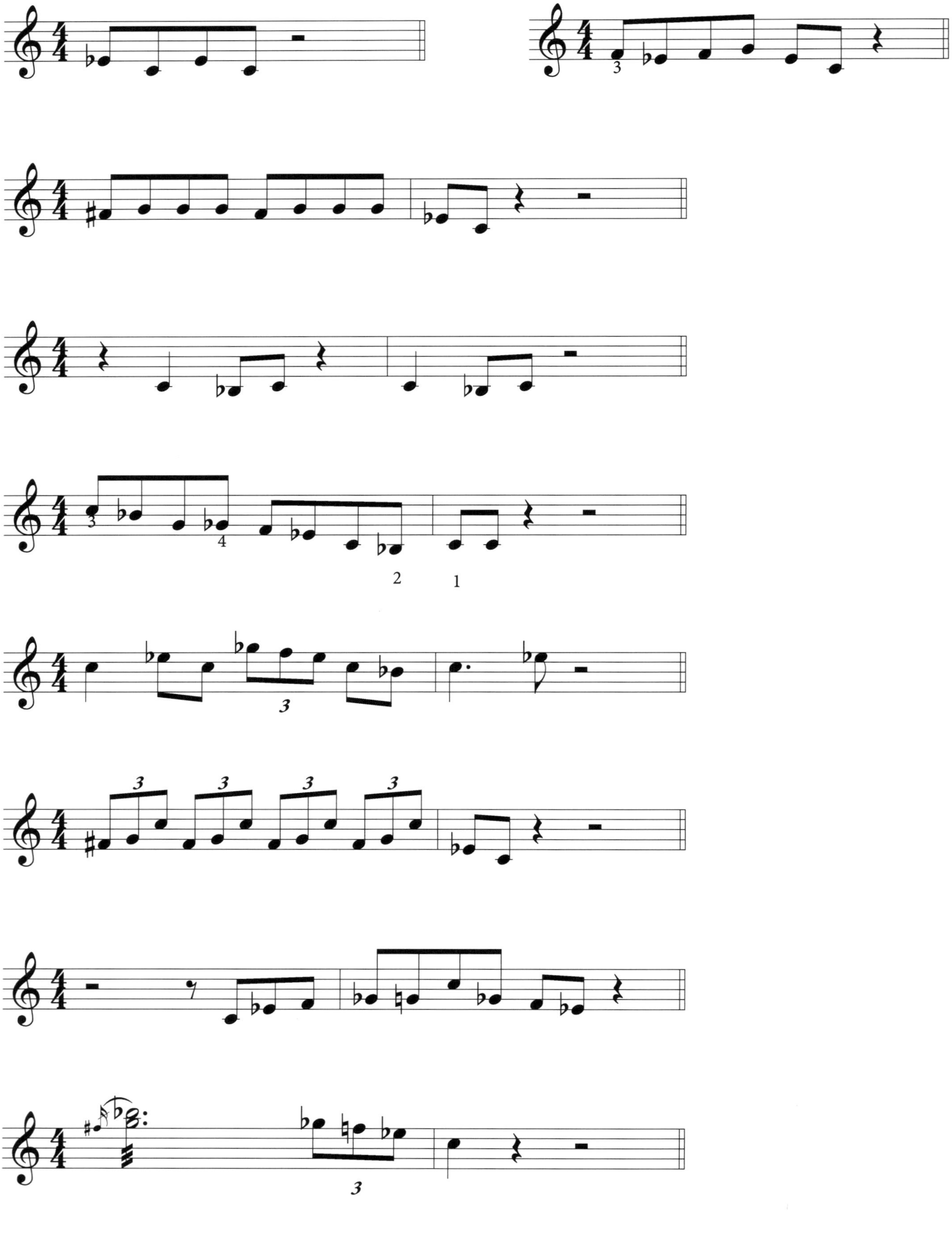

G-Bluestonleiter-Patterns

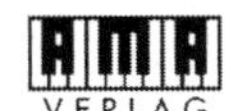

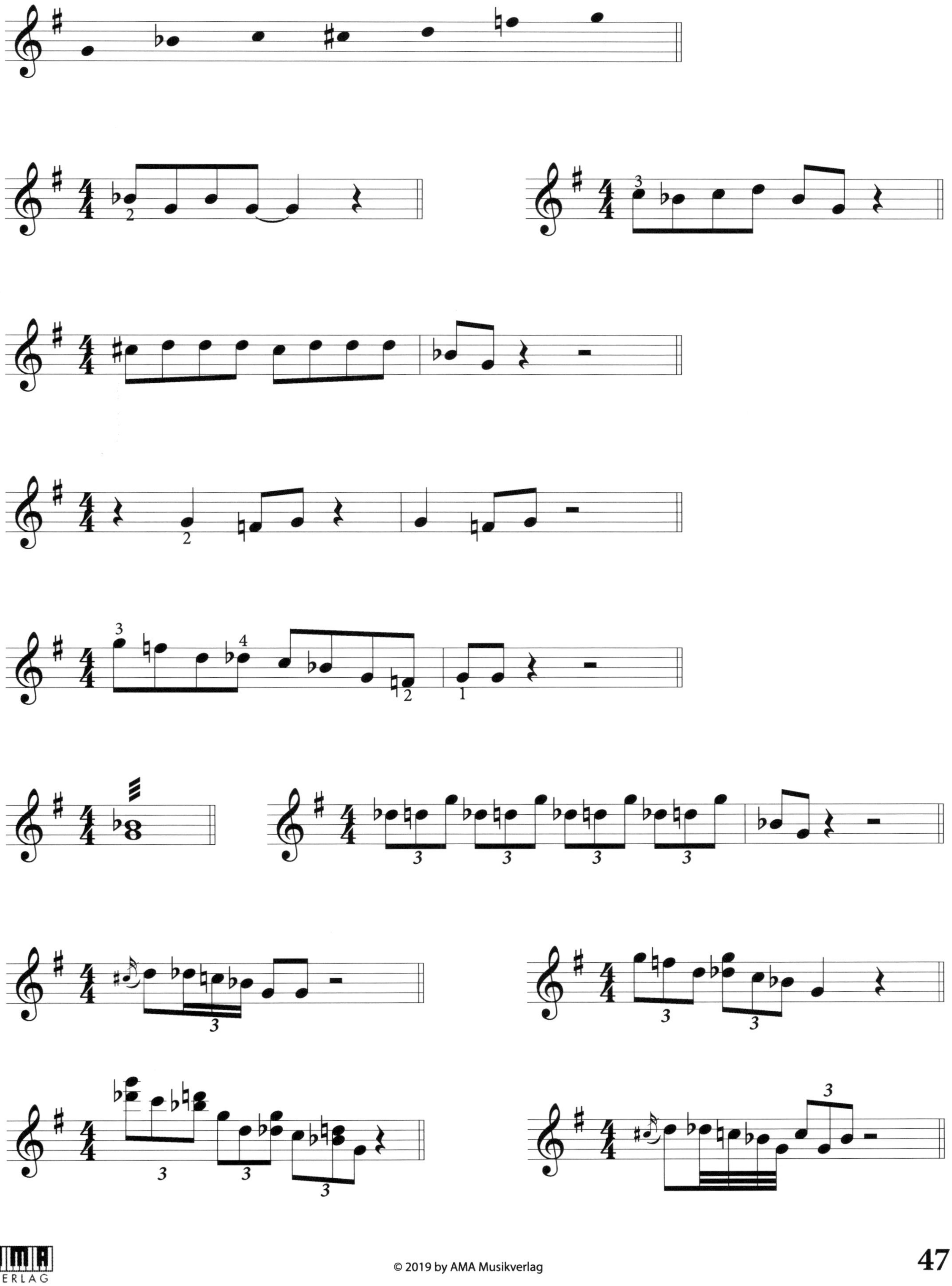

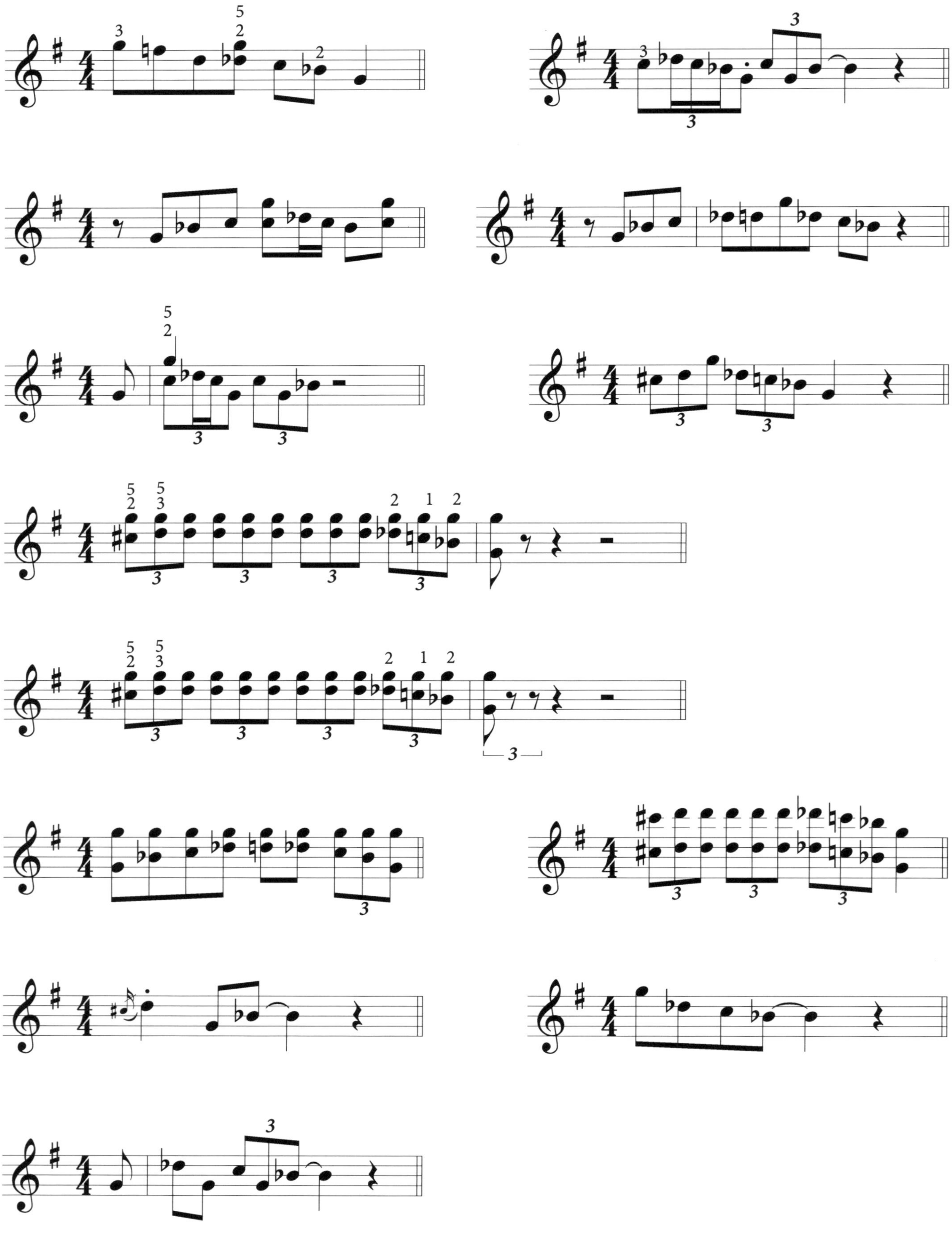

AMA
VERLAG

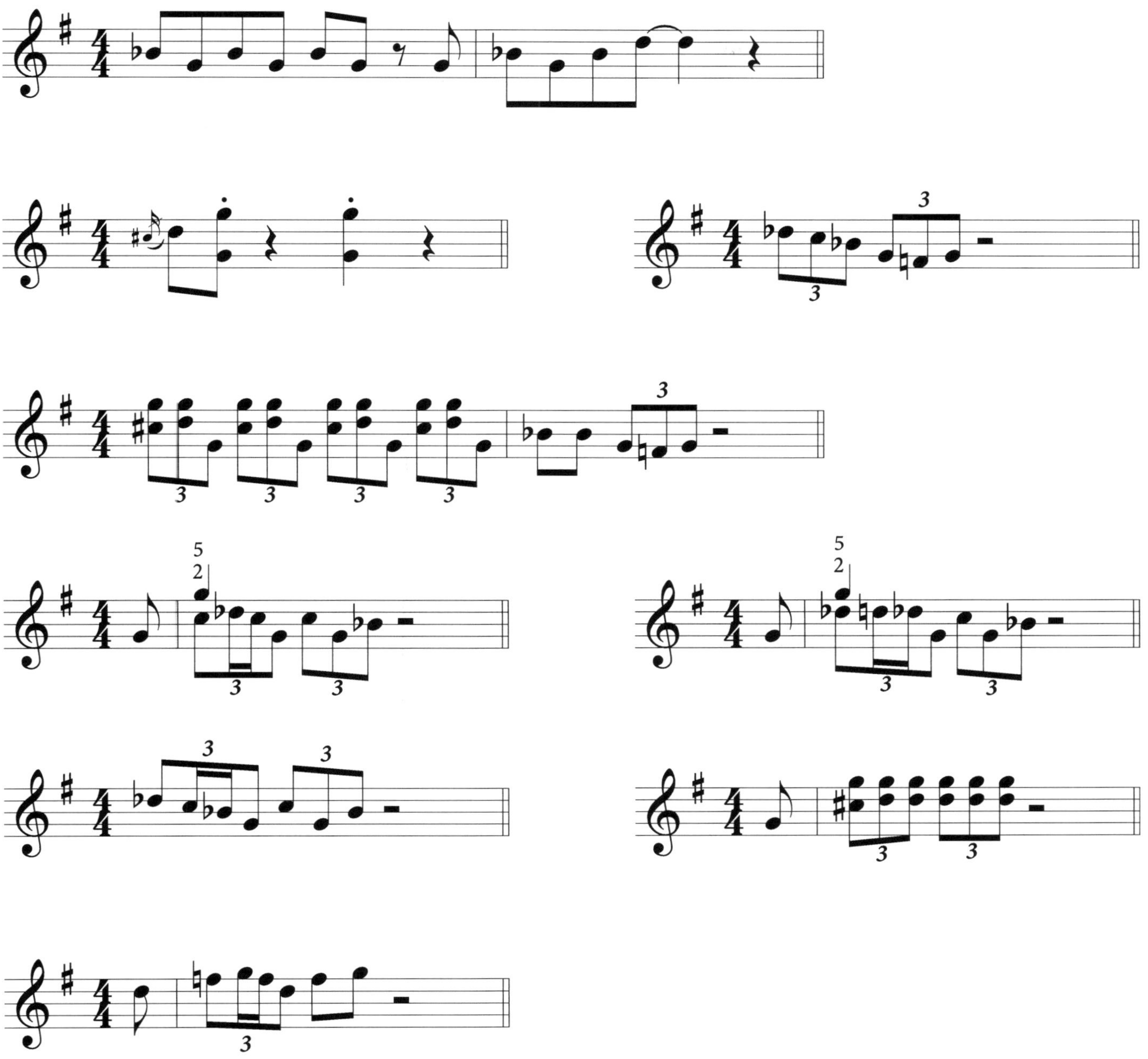

AMA
VERLAG

C-Pentablue-Patterns (Pentatonik & 1 Bluenote)

Thomas Silvestri

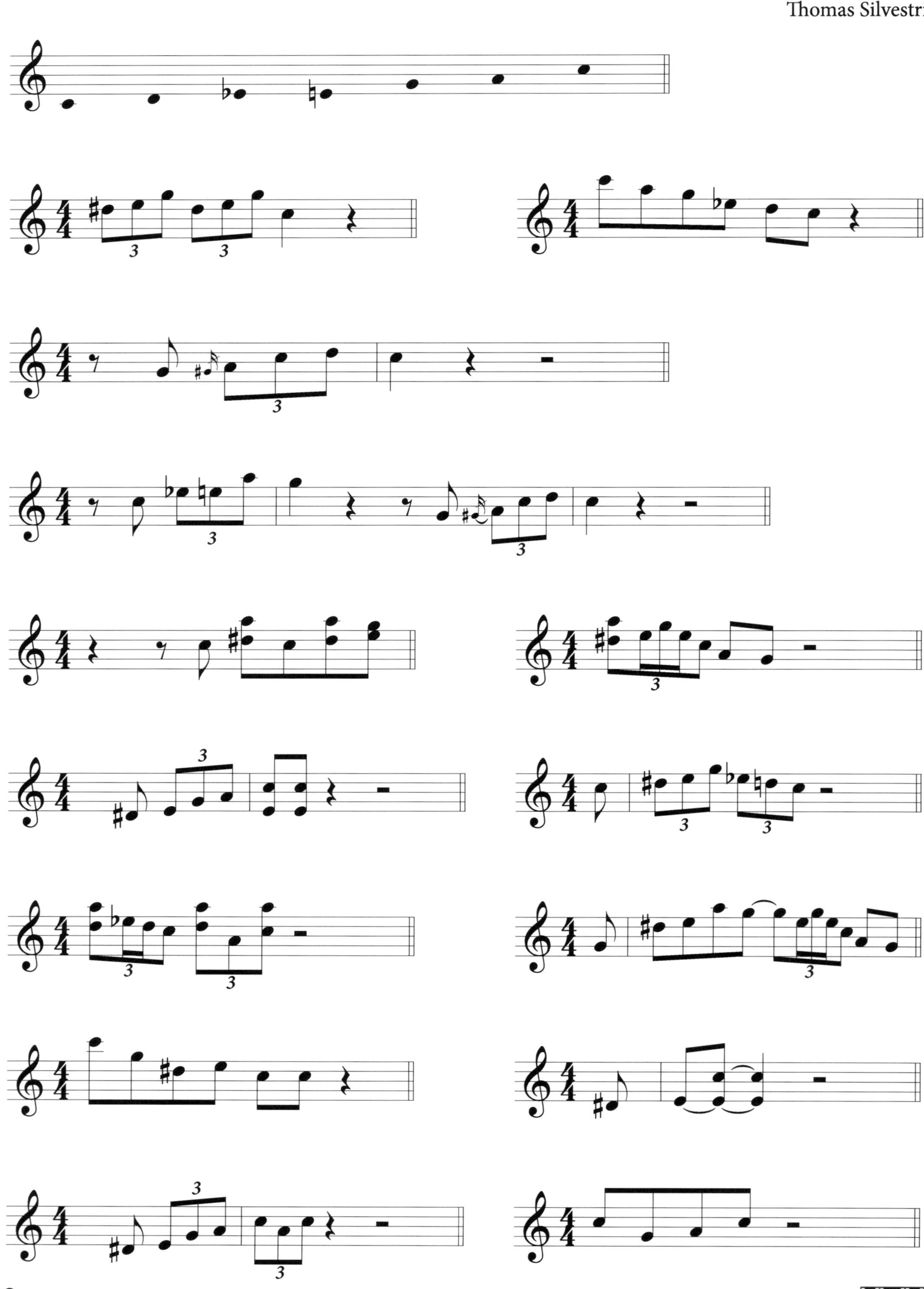

F-Pentablue mit Bluestonleiter gemischt

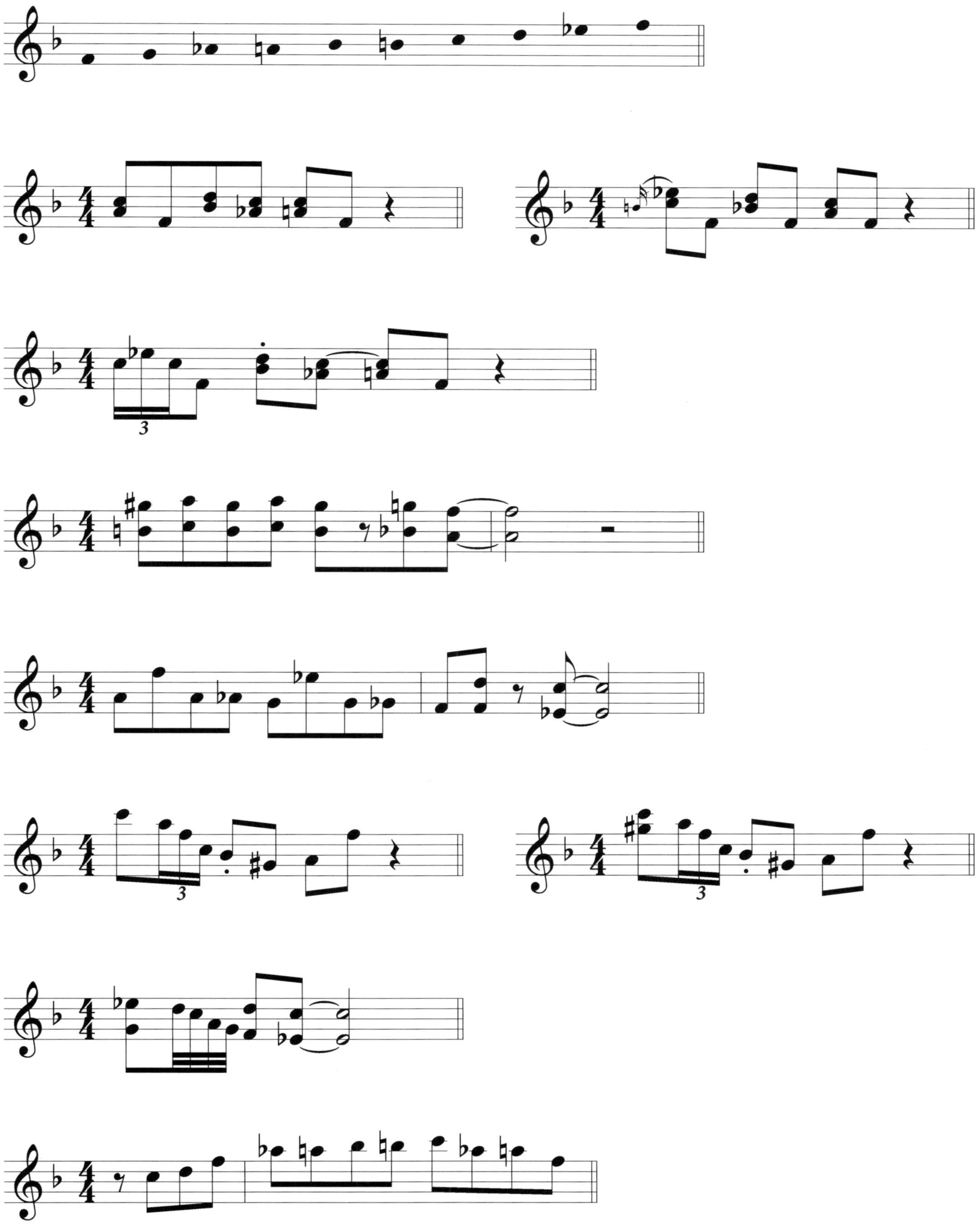

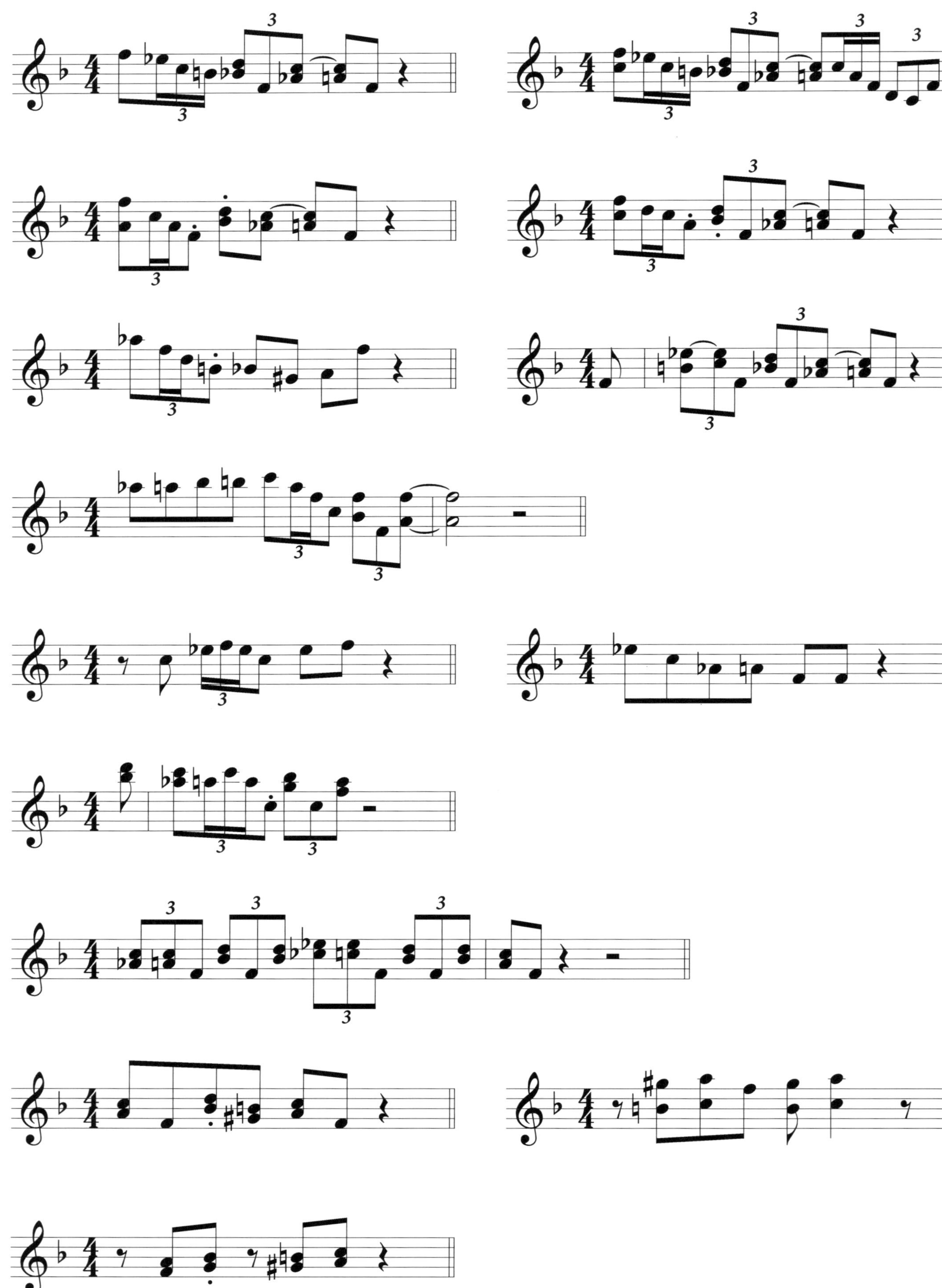

AMA VERLAG

Tonarten üben

Im Gegensatz zum „Tonleitern üben“ ist das „Tonarten üben“ nicht auf den Grundton der Tonleiter fokussiert. Man stellt sich die Tonart als Tastenbild ohne Anfang oder Ende vor.

Übung 1
Betrachte die Klaviatur und stell dir eine Tonart vor. Wie sieht sie aus? Was ist ihr höchster und tiefster Ton auf der Klaviatur? Wie sind die schwarzen und weißen Tasten angeordnet? Stell dir vor, dass jede Taste der Tonart leuchtet. Teil die Tonart in eine 3er- (Finger 1, 2, 3) und eine 4er- (Finger 1, 2, 3, 4) Gruppe – mit dem Daumen jeweils auf einer weißen Taste. Spiel die Gruppen als Akkord über die ganze Tastatur.

Übung 2
Schließ die Augen und stell dir das Tonart-Tastenbild vor. Nun leg die rechte oder linke Hand irgendwo auf die Tastatur und versuch, dich durch Fühlen zu orientieren und Tonarttöne zu spielen.

Übung 3
Wähl einen beliebigen Ton der Tonart, entscheide dich, ob du aufwärts oder abwärts willst. Wähl einen geeigneten Anfangsfinger. Üb dies mit verschiedenen Tonarttönen auf der ganzen Klaviatur.

Übung 4
„Anlauf nehmen“: Spiel irgendeinen Tonartton, spring eine Terz nach unten und spiel dann die Tonleiter nach oben:

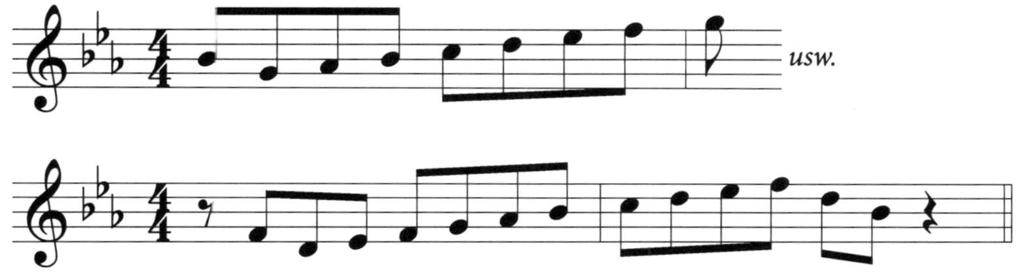

Übung 5
Übung 4 umgekehrt:

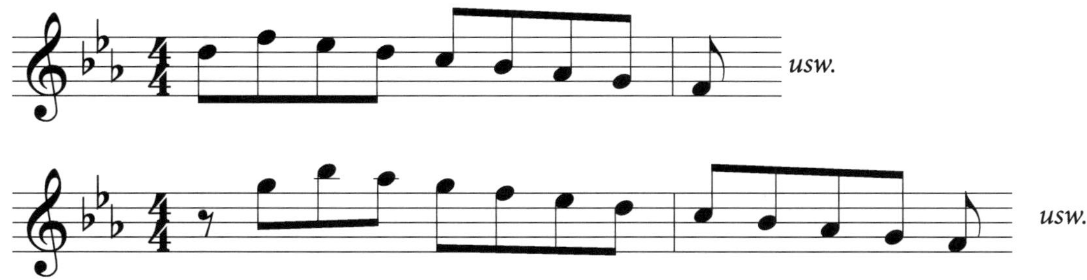

Übung 6
Spiel ein kleines Motiv und wiederhol es diatonisch einen Ton oder eine Terz tiefer.

Übung 7
Spiel 4er-Gruppen hinunter:

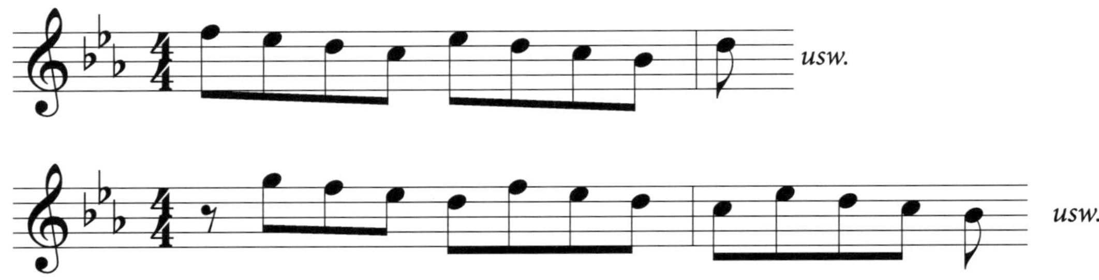

Übung 8
Übung 7 mit 3er-Gruppen.

Übung 9
„Rubber Ball" in Terzen:

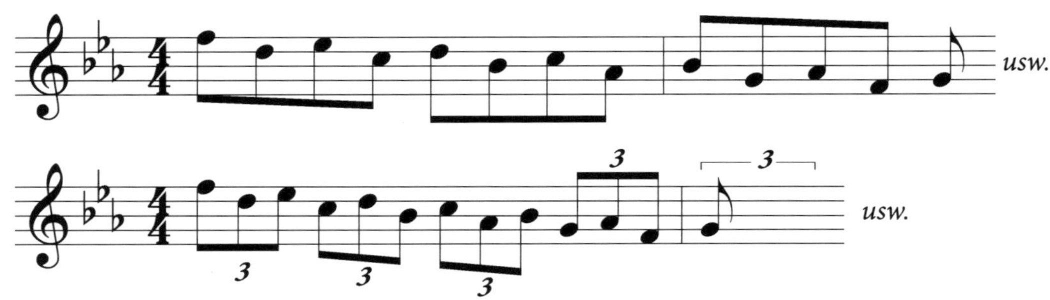

Übung 10
Doppelter Anlauf (siehe Übung 4 und 5):

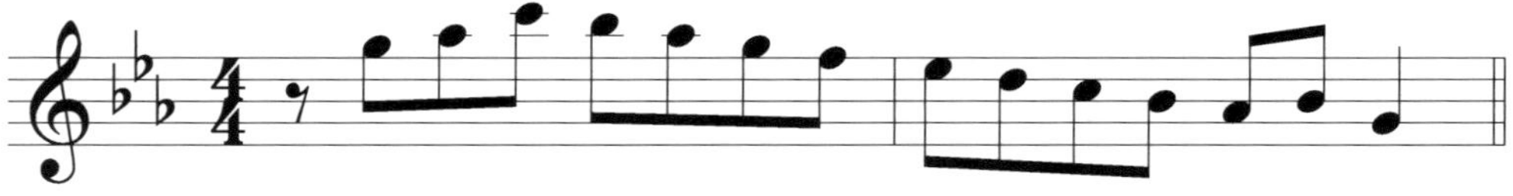

Übung 11
Spiel ganz wild irgendwelche Tönleitertöne hinauf, hinunter, hinauf und so weiter.

Übung 12
Nimm einen tonleitereigenen Vierklang in die LH (Grundstellung), starte mit der RH irgendwo und versuch, deine spontane Linie gut klingend zu beenden.

Übung 13
Spiel in der LH die Akkordfolge II-V-I. Die RH spielt die dazugehörige Tonart.
Versuch, deine Linie auf der I. Stufe zu beenden und merk dir, was gut klingt!

Übung 14
Wähl einen beliebigen Ton außerhalb der Tonart. Spiel nun den nächstliegenden Tonleiterton darüber (oder darunter) und spiel die Tonart hinauf (hinunter). Starte zwischen den Zählzeiten auf „und":

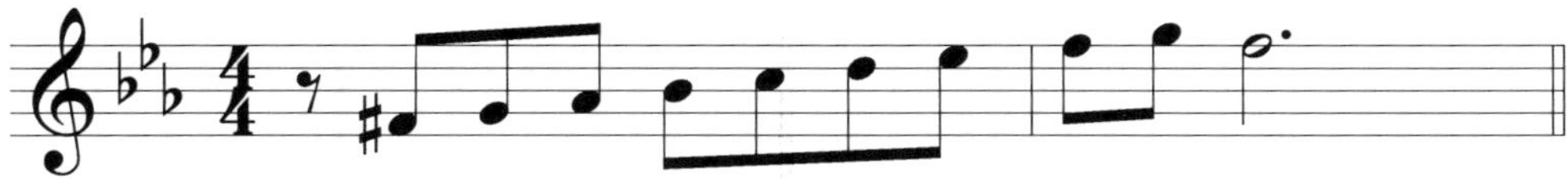

Weitere Übungen
Leitereigene Dreiklänge
Leitereigene Vierklänge
Quarten
Quinten
Rhythmus variieren

Eigene Ideen

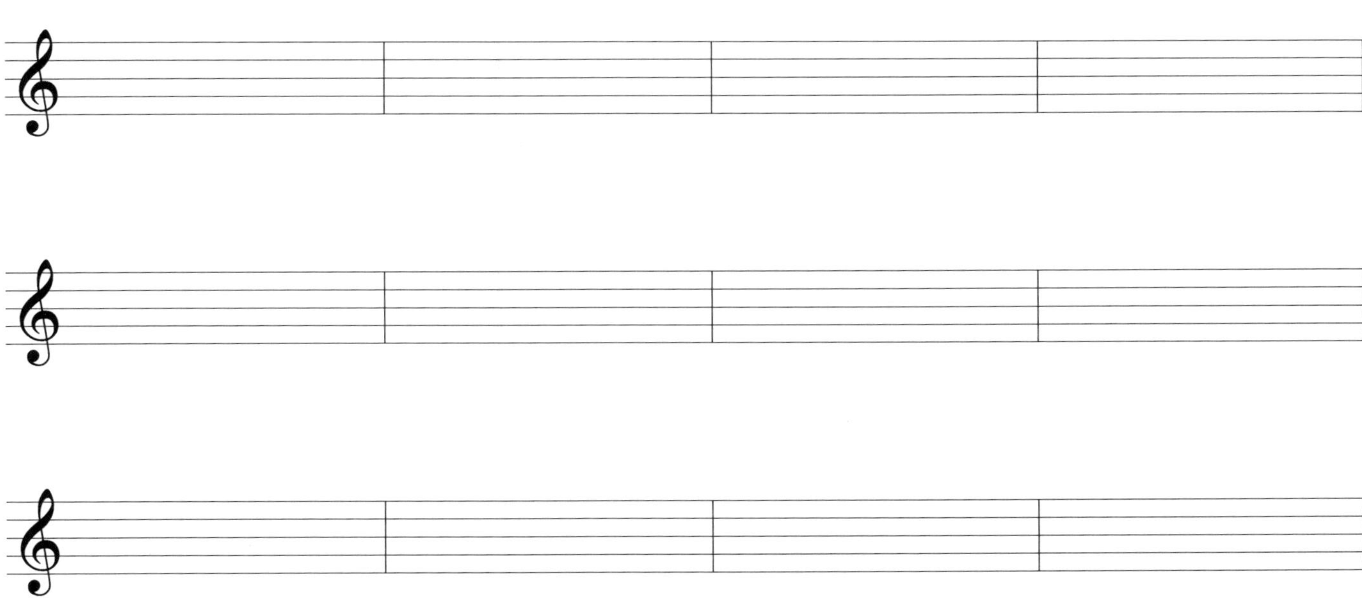

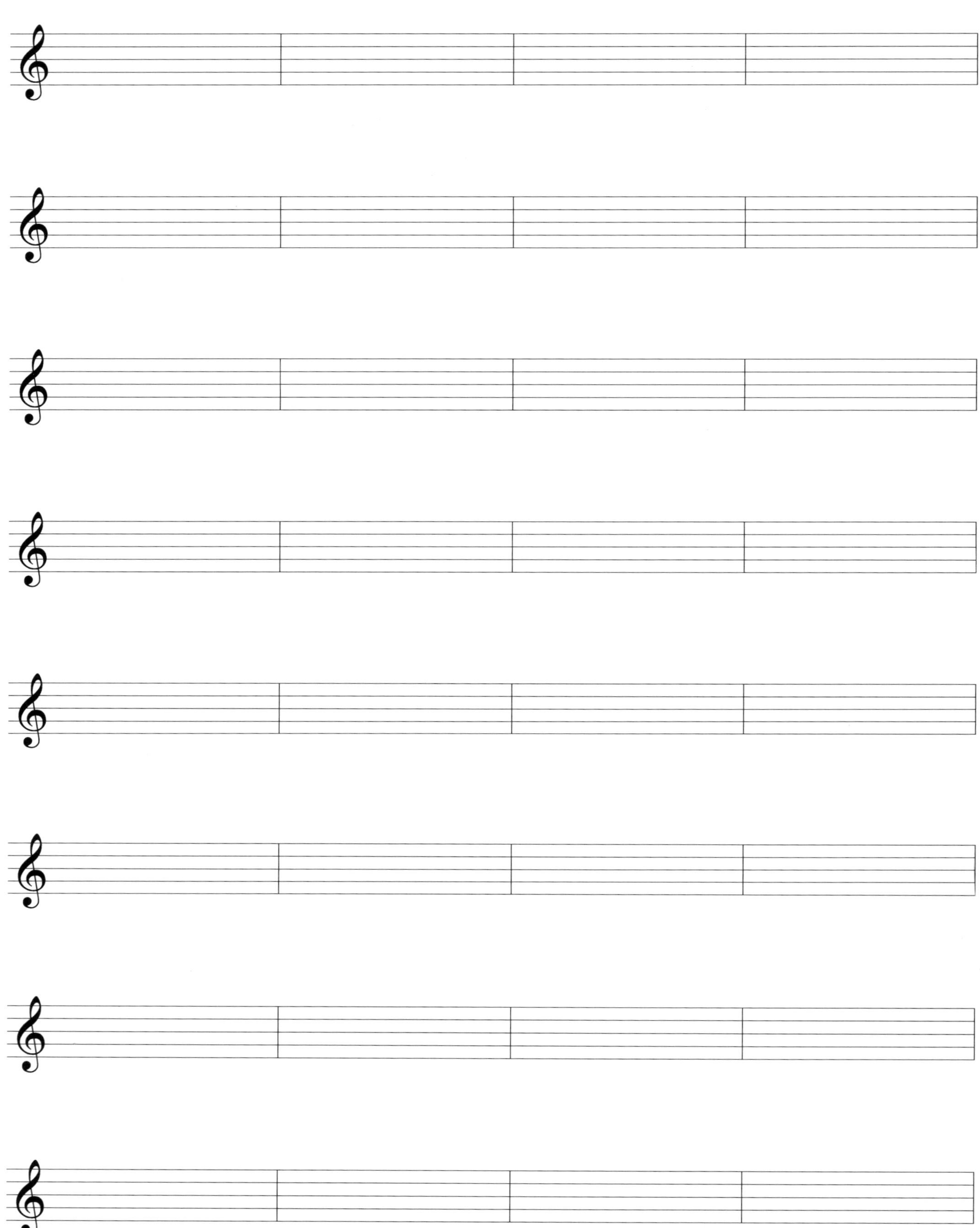

AMA VERLAG